DES RACES DITES BERBÈRES

ET DE LEUR ETHNOGÉNIE

PAR M. J.-A.-N. PERIER.

Mémoire communiqué à la Société d'anthropologie en 1870.

Sommaire : Avant-propos. — Gétules et Libyens. — Immigrations et leurs effets. — Kabyles et Touâreg. — Races blondes anciennes. — Touâreg blancs et Kabyles blonds. — Chaouïa et blonds de l'Aurès. — Déductions, conclusions.

Pour les anciens Grecs, la Libye, c'était l'Afrique, et l'Afrique, c'était la Libye. Il n'y avait là, pour Hérodote, que deux souches de peuples aborigènes, αὐτόχθονες : des Libyens au nord et des Éthiopiens au sud ; les étrangers étaient les Phéniciens et les Grecs (1). Les Libyens du nord de l'Afrique étaient aussi des barbares ; et ce sont eux qui furent appelés collectivement *Berbers* par les généalogistes musulmans, la plupart de ceux-ci les faisant descendre de Cham, par Ber, Berr ou Berber (2), d'où leur viendrait leur nom actuel.

Mais il faut se hâter de dire que ce nom de Berbers ou Berbères, les Kabyles, sinon quelques-uns dans le Sahara algérien, ne le prennent point, que les Touâreg le repoussent, et qu'il n'est guère conservé que chez les *Amâzigh* (ou Amâzirgh) *Berâber*, qui sont les Berbères du Maroc.

La dénomination de Berbères est néanmoins consacrée. Elle embrasse pour nous, de l'Égypte à l'Océan et jusqu'au grand Sahara, tous les indigènes de l'Afrique septentrionale, regardés en général comme autochthones ; et elle est tellement vague, elle jette une telle confusion dans l'ethnographie de ce pays, que si l'on y pouvait renoncer, pour donner à ces peuples les noms qu'ils se donnent eux-mêmes, ce serait déjà l'indice d'un

(1) Lib. IV, cap. CXCVII, lib. II, cap. XXXII.

(2) Édrisi, *Géograph.*, trad. fr., par Am. Jaubert (dans le *Recueil de voy. et de mém* publ. par la *Soc. de Géograph.*), t. I, p. 203-204 ; in 4°, Paris, 1836-1840. — Ibn-Khaldoun, *Hist. des Berbères*, etc , trad. fr., par de Slane, t. I, p. 167 et suiv., *et pass.*; Alger, 1852-1856.

progrès. On nommerait *Kabyles* ceux qui se nomment Kabyles (*Kebaïli*, pluriel de *Kebaïl*), et l'on nommerait *Imôhagh* ou *Imôcharh* les Touâreg qui se donnent ces noms, ayant la même signification que celui d'Amâzigh, lequel se retrouve dans ceux des anciens *Maxyes* ou *Maziques*. Cela devrait être, en admettant que ces appellations différentes n'impliquassent pas des différences de race, et à plus forte raison dans l'hypothèse contraire.

Que dans les siècles peu éclairés on ait englobé ces populations sous le nom commun de Berbères, assurément dérivé de *Barbari*, βάρβαροι, et non point de Ber, on le conçoit ; mais il serait temps de contrôler ces traditions surannées, et aussi de les réformer. Car, si ces peuples sont semblables, une même dénomination entre eux et ailleurs eût prévalu sans doute ; et, s'ils ne sont pas semblables, pourquoi les assimilerait-on nominalement ? Les mots ne sont que les signes des idées. N'oublions pas, d'ailleurs, que la séparation des types et des races et leur distinction, quand il y a lieu, c'est l'avancement dans les connaissances anthropologiques.

La question importante sur ce point serait donc de savoir si les noms principaux de Kabyles et de Touâreg se rattachent, oui ou non, à des différences de nature ethnique. Cette question, tout le monde le sait, est jugée très-affirmativement par beaucoup de savants auteurs ; mais, sans prétendre la résoudre, nous n'en ferons pas moins l'objet d'un examen particulier. Nous essayerons de l'éclairer, autant que les faits connus le permettent, et nous opposerons tout au moins le doute salutaire à des assertions dénuées de preuves.

Étudier les peuples dits berbères dans le passé et dans le présent ; démêler quel peut être leur état de pureté ou de mélange par le fait des immigrations ; les distinguer entre eux, et rechercher notamment, par la comparaison de leurs caractères, si les Kabyles et les Touâreg, ces deux groupes fondamentaux de la famille africaine du Nord, ne constituent pas deux types ethniquement différents, tel est en effet le but général que nous nous proposons dans ce travail.

En n'écoutant que nos scrupules, nous nous serions abstenu encore de soumettre nos vues au jugement de la Société. Mais la science s'alimente de toute discussion ; et, en attendant mieux, dans l'espoir d'aider à des recherches nouvelles, il peut être opportun de ne pas s'abstenir trop longtemps : c'est là notre excuse (1).

I. Gétules et Libyens. — D'après les traditions nationales qu'il consulte et les livres puniques attribués au roi numide Hiempsal II, qu'il se fait expliquer, et qui devaient être une autorité considérable, Salluste distingue deux peuples comme premiers habitants de l'Afrique : *Africam initio habuere Gætuli et Libyes* (2). Les Gétules et les Libyens auraient donc été les plus anciens possesseurs de ces contrées ; mais quels étaient ces Gétules comparés aux Libyens ? Les uns et les autres, en même temps qu'ils occupaient des régions différentes, doivent-ils être distingués ethniquement ?

Les Gétules, nation nombreuse et répandue dans plusieurs contrées, *natio frequens multiplexque Gætuli*, comme dit Pomponius Méla (3), sont placés par les anciens au delà des Mauritanies : *Subjacet autem Mauritaniis Getulia* (4), n'ayant d'autres limites à l'ouest que l'Océan, faisant face aux îles Fortunées et avoisinant les plus brûlantes contrées, *sub sole magis haud procul ab ardoribus* (5). A l'est, suivant Strabon, ils s'avançaient jusqu'aux Syrtes, et au-dessus d'eux était le pays des Garamantes (6), nom qui rappelle l'expédition de Cornélius Balbus. Leur capitale, l'ancienne Garama, Γαράμη, est aujourd'hui Djerma, dans le Fezzân.

Hérodote et Diodore ne parlent point des Gétules. Mais, si pour Hérodote il n'y avait dans l'Afrique du Nord que des Libyens, pour Diodore (environ quatre siècles après), les Libyens ne formaient que l'ancienne race indigène, la plus populeuse de

(1) La Société se souvient qu'elle avait autrefois nommé une commission pour l'étude de l'anthropologie algérienne (*Bullet.*, 1865, t. V, p. 62, 305). Et alors déjà nous devions prendre part aux travaux de cette commission, qui sont demeurés latents. C'est donc ici comme une dette que nous acquittons tardivement. Mais, si la question des Berbères en particulier n'a pas été discutée dans cette enceinte, nous nous plaisons à rappeler que les plus récentes publications sur ce sujet sont dues à nos collègues MM. Lagneau et Topinard : 1° dans le *Dictionnaire encyclopédique des sciences médicales*, art. Berbers ; 2° dans l'*Encyclopédie générale*, art. Algérie (Anthropologie).

(2) *Jugurtha*, § 18

(3) Lib. I, cap. iv.

(4) Ptolémée, *Geograph.*, lib. IV, cap. vi.

(5) Salluste, *op. cit.*, *loc. cit.* — Cf. Pline, lib. V, cap. iv, *in fine*.

(6) Lib. XVII, cap. iii, § 19.

cette contrée ; puis venaient les Numides, qui habitaient, dit-il, une grande partie de la Libye jusqu'au désert : *Postremi tandem erant Numidæ*, Νομάδες, *vastos Libyæ tractus usque ad deserta occupantes* (1).

Ici l'appellation de Numides semble comprendre ceux qui portèrent le nom de Gétules. Selon Méla aussi, après les Gétules est un vaste désert inhabitable, au delà duquel on place d'orient en occident les Garamantes, puis les Augiles, les Troglodytes, et enfin les Atlantes (2), ainsi nommés de la montagne Atlas (3). Mais les Gétules s'étendirent beaucoup avec le temps : *Sed postea*, dit Cellarius, *per Mauretaniam Numidiamque nouas sedes occupauerunt, ut nullis fere finibus hæc natio circumscripta et contenta fuerit* (4).

Les Libyens, au contraire, étaient répandus sur les plages de la mer libyque, *propius mare Africum agitabant* (5), et dans les régions qui furent appelées Afrique propre, Numidies, Mauritanies, bornées au sud par les montagnes au delà desquelles s'étendait la Gétulie proprement dite.

Les Gétules menaient, les uns la vie sédentaire, dans des chaumières, les autres la vie errante : *Super Numidiam Gætulos accepimus partim in tuguriis, alios incultius vagos agitare* (6). Silius Italicus fait mention de leurs cabanes, *mapalia ;* et ce sont pour lui des nomades et des cavaliers habiles.

> Nulla domus; plaustris habitant : migrare per arva
> Mos, atque errantes circumvectare penates.
> Hinc mille alipedes turmæ..... (7).

Ils sont distingués dans l'antiquité sous une foule de noms, tels que *Autololes* vers l'Océan, *Daræ* plus à l'est, *Perorsi* au sud, etc., enfin *Melano-Gætuli :* sans doute autant de colonies ou de rameaux provenant des premiers Gétules.

Pour les Libyens, ils étaient plus attachés au sol ; ils habitaient des demeures fixes. Et, suivant la remarque de Salluste,

(1) Lib. XX, cap. LV.
(2) *Loc. cit.*, cf. cap. VIII.
(3) Hérodote, lib. IV, cap. CLXXXIV.
(4) *Notitiæ orbis antiqui*, lib. IV, cap. VIII, t. II, p. 220, cf. p. 221; in-4°, Lipsiæ, 1706.
(5) Salluste, *op. cit.*, *loc. cit.*
(6) Salluste, *ibid.*, § 19.
(7) *Punica*, lib. III, v. 290 *et seq.*

ils étaient moins belliqueux que les Gétules : *Libyes, quam Gætuli, minus bellicosi* (1). Aussi voit-on les farouches Gétules, *genus hominum ferum incultumque*, guerroyer non-seulement sous Jugurtha et Juba l'Ancien, mais parmi les troupes romaines en Afrique, et déjà dans l'armée d'Annibal, en Italie (2).

Il faut se garder d'omettre les Maziques ou Mazices (*gentes mazicæ*), Μάζικες de Ptolémée, qui occupèrent au delà du mont Zalacus le sud-est de la Numidie césarienne, et qui furent encore une nation puissante au temps où le comte Théodose eut à les combattre, lors de la grande révolte de Firmus, *bellicosum genus et durum*, ainsi que le dit Ammien Marcellin (3). Ce serait, en effet, ce même peuple dont une inscription du temple principal de Karnak a dernièrement révélé l'existence antique, sous le nom de *Mas'uas'* (Machouach), grande nation de la Libye, et qui fit, conjointement avec le peuple des *Rebu* ou *Lebu* (Libyens proprement dits), une invasion formidable en Égypte, où les attendait du reste une sanglante défaite.

Ibn-Khaldoun, sans mentionner aucune tribu de ce nom, parle, d'après les généalogistes, d'un Mâzigh, fils de Canaan et ancêtre de Berr, dont seraient descendus les *Beranès*, l'une des grandes branches de la nation berbère, l'autre branche étant celle de *Botr*, issue d'un autre Berr, qui était fils de Caïs et petit-fils de Ghailan (4). Notons cette distinction des Berbères encore en deux souches fondamentales, qui nous reportent avec quelque vraisemblance aux Libyens et aux Gétules des auteurs anciens.

Quant aux vieux Maziques, ils sont placés par Hérodote à l'ouest du fleuve Triton, sous le nom de Maxyes, Μάξυες, et probablement peu différents des *Maces*, Μάκαι, riverains ou peu éloignés de la mer (5). Némésien, poëte né à Carthage, nous apprend que le *Mazace*, dans ses déserts, élève d'excellentes races de che-

(1) *Op. cit.*, § 18.

(2) Salluste, *op. cit.*, § 80, 99. — (Hirtius), *Comment. de bell. afr.*, § 32, 35, 55, 61, 93. — Tite-Live, lib. XXIII, cap. XVIII.

(3) Ptol., *op. cit.*, lib. IV, cap. II. — Amm., lib. XXIX, cap. V.

(4) Ouv. cit., t. I, p. 168-69, cf. introd., p. XIV-XV.

(5) Lib. IV, cap. CLXXV *et seq.*, CXCI, CXCIII, lib. V, cap. XLII. — Scylax, *Peripl.*, Nasamones et Macæ, p. 45; in-4°, Amstelod., 1639. — Denys le Périégète, *De situ orbis*, v. 214-17.

vaux (1) : et ils peuvent être considérés tout au moins comme alliés des Gétules, dont ils étaient voisins vers les Syrtes : Μάκαι.... περὶ τὴν Σύρτιν, — Μακαῖοι συρτῖται (2). En effet, Iarbas, ce roi célèbre des Gétules, *Gætulus Iarbas* (Iarbah), lors de la fondation de Carthage, est appelé par le scoliaste Eustathe roi des Numides ou Nomades et des Maziques, Νομάδων καὶ Μαζίκων βασιλεὺς (3). Par suite, Volney identifie les Maziques avec les Gétules, en même temps qu'avec les Berbères et les Kabyles, ces peuples se donnant, dit-il, en leur langue, le nom de *Amzir*, au pluriel *Mazir*, ou de *Amzig* et *Mazig* (4). Et Saint-Martin croit voir en outre dans les anciens Gétules les ancêtres des « Touariks » modernes. Il ajoute que « cette nation, qui présente une grande affinité avec les Berbères, en est cependant distincte, comme les Gétules étaient distingués des Libyens (5). » Aujourd'hui, la plupart de ceux que nous nommons Touâreg s'appellent eux-mêmes Imôcharh ou Imôhagh, de même que les Berbères du Maroc et d'autres se donnent encore le nom d'Amâzigh, ainsi que nous l'avons dit.

Faisons remarquer en passant que Strabon signale la ressemblance des Gétules avec les Arabes nomades. « Entre les Gætules, dit-il, et le rivage de la Méditerranée, il y a un grand nombre de plaines, de montagnes, de lacs étendus, de fleuves... Ces peuples... ont plusieurs femmes et beaucoup d'enfants : du reste, ils ressemblent aux Arabes nomades. » Toutefois le même auteur en dit autant des Maurusiens, des Massaisyles et des Libyens en général, qui se ressemblent pour les usages et « sous les autres rapports (6). » Il y avait sans nul doute entre toutes ces populations de grandes analogies, soit morales, soit physiques. Et d'ailleurs, dès les plus lointaines époques de l'histoire, les possesseurs du sol avaient été plus ou moins pénétrés, comme nous le verrons, par des colonies syro-arabes qui, elles aussi, trouvèrent là des contrées et des mœurs, un genre de vie qui se rapprochaient des leurs.

(1) *Cyneget.*, v. 259 *et seq.*, in *Poet. lat. min.*, in collect. Lemaire, t. I, p. 123.

(2) Diodore, lib. III, cap. XLIX. — Ptolémée, *op. cit.*, lib. IV, cap. III.

(3) Virgile, *Æneid.*, lib. IV, v. 326, cf. *pass.* — Eust., *Comment. in Dionisii Periegetæ op. cit.*, p. 30 ; in-4°, ann. 1577.

(4) *L'Hébreu simplifié*, etc., p. 175-76 ; Paris, 1820.

(5) *Observ. sur un passage de Salluste*, etc., dans les *Mém. de l'Acad. des inscript. et belles-lettres*, ann. 1830, t. XII, p. 201-202, cf. *pass.*

(6) Lib. XVII, cap. III, § 19 ; édit. fr., t. V, p. 480, cf. p. 459.

Nous pouvons donc constater, d'après ce qui précède, que l'on ne saurait, sans un certain effort, assimiler et confondre en un seul ces deux peuples gétule et libyen des anciens auteurs, et qui nous paraissent avoir été distingués historiquement, même dès l'ancienne Égypte. Plus loin, nous montrerons que les peuples actuels qui peuvent être considérés comme leurs représentants dans les siècles modernes, les Touâreg et les Kabyles, ne sont pas non plus semblables entre eux autant qu'on veut bien le dire, en les nommant improprement et collectivement Berbères.

Nous allons donner maintenant un aperçu des populations qui, dans les temps les plus reculés, auraient quitté leur patrie pour venir occuper ces belles contrées ; et nous tâcherons d'apprécier quels ont été les effets de ces invasions diverses sur l'ensemble de la constitution des races actuelles.

II. Immigrations et leurs effets. — D'après la lumière nouvelle que vient de jeter sur l'ethnographie de l'Afrique du Nord la découverte de l'inscription de Karnak, il faudrait peut-être placer avant toute autre immigration celle des Mas'uas', dont nous avons déjà parlé, et qui, de concert avec d'autres peuples, notamment des Libyens, firent irruption sur l'Égypte dans le quatorzième siècle avant notre ère. On suppose qu'ils auraient été d'une origine septentrionale; mais d'où venaient ces hommes, caractérisés de race blonde, et à quelle époque avaient-ils, pour la première fois, abordé les rivages libyens? C'est ce que l'inscription ne dit pas, que nous sachions.

Il est singulier néanmoins qu'Isidore de Séville fasse venir les Gétules des Goths (descendants de Magog), sous le nom de Gètes. Cela rappelle que, d'après certains indices, on a cru pouvoir assimiler aussi le nom de Gétules à celui de Gaëls (en irlandais, *Gaoidheal*), et identifier entre eux et avec les Ligures les peuples que représentent ces noms (1). Mais passons. Voici les paroles d'Isidore : *Getuli Getæ dicuntur fuisse, qui ingenti agmine à locis suis nauibus conscendentes, loca Syrtium in Libya occupauerunt : et quia ex Getis venerant, deriuato*

(1) Roget de Belloguet, *Ethnogénie gauloise*, Types gaul., etc., p. 283, 286, 297 et suiv., 303, 310; Paris, 1861. — Cf. Olivier, *Rech. sur l'orig. des Berbères*, dans le *Bullet. de l'Académie d'Hippone*, Bône, 1868, n° 5, p. 46, 49, 85.

nomine Getuli cognominati sunt. Il ajoute : *Africam autem initio habuere Libyes, deinde Afri, post hæc Getuli, postremum Mauri et Numides* (1). Cette intervention, de source étymologique, des Gètes, assimilés aux Goths, en admettant qu'ils fussent sortis de la Scandinavie (d'où ils n'étaient pas originaires), et ayant les caractères des races blondes, s'accorderait avec l'observation de Scylax, qui mentionne sur les côtes de la Petite-Syrte une population d'hommes blonds, *flavi, absque fuco pulcherrimi*, — ξανθοί ἄπλαστοι, καὶ κάλλιστοι, qui sont appelés Libyens (2). Et elle viendrait en aide à ce que Procope rapporte, sur la foi d'un chef indigène du voisinage de l'Aurès, nommé Orthaïas, savoir : qu'il y avait de son temps, au delà d'un immense désert, une race d'hommes très-blancs de corps, avec des cheveux roux ou blonds, ξανθοί (3). Elle se rattacherait même, dans ces parages, à l'existence ancienne des Kabyles blonds, peut-être aussi des Touâreg au teint blanc, ces populations ayant été regardées comme primitivement étrangères au sol africain.

Enfin il semblerait que cette version d'Isidore dût se concilier avec le document de Karnak, d'après lequel, au commencement du règne de Merenptah, fils de Ramsès II, des flots de peuples aux cheveux blonds et aux yeux bleus avaient tenté de conquérir l'Égypte. C'étaient, comme nous venons de le voir, des nations libyennes, et ce sont ces peuples que les Égyptiens désignaient sous les noms de *Tahennu* (voisins de l'Égypte du côté de l'ouest) et de *Tamehu* (en égyptien, « pays du nord »), terme qui comprenait « certainement avec les Libyens les divers peuples du littoral de la Méditerranée (4). »

Ce qui est ici fort remarquable, c'est que ce sont ces mêmes peuples que l'on croyait représenter les races blondes ou rousses de l'Europe septentrionale, dans les bas-reliefs célèbres où sont figurés, selon les Égyptiens, les quatre principales variétés humaines, et qui décorent les tombeaux des rois à Biban-el-Molouk, près de Thèbes. L'opinion ne

(1) *Origin.*, lib. IX, cap. II.

(2) *Op. cit.*, Lotophagi, p. 47 ; cf. not. Vossii, *ibid.*, p. 22.

(3) *De bell. vandal.*, lib. II, cap. XIII.

(4) De Rougé, *Extr. d'un mém. sur les attaq. dirig. contre l'Égypte*, etc., dans la *Revue archéolog.*, nouv. sér. (juin, décembre 1867), t. XVI, p. 35 et suiv., 82.

pouvait guère s'y tromper, l'expression Tamehu (*Tamhou*) étant appliquée par Champollion jeune à des nations ayant la peau blanche, les yeux le plus souvent bleus, et les cheveux bruns, blonds ou roux, ce dernier caractère étant propre aux races du nord de l'Europe (1). Mais, ainsi que le constate M. de Rougé, « après une étude attentive,..... on s'aperçoit promptement que les Égyptiens avaient choisi pour type traditionnel du *Tamehu* le rameau qu'ils connaissaient le mieux, c'est-à-dire le plus voisin de leurs frontières, le Libyen. La coiffure est caractéristique » (celle des Μάξυες d'Hérodote). « Il demeure certain, continue M. de Rougé, que la race antique occupant le nord de l'Afrique servait de type aux artistes égyptiens pour figurer le *Tamehu*, et que ces peuples se présentaient encore à cette époque sous l'aspect général d'une race à la peau très-blanche et souvent aux cheveux blonds (2). » On comprend toute l'importance de ces éclaircissements. Nous remarquerons en outre que les types de races humaines représentés sur les tombeaux de la dix-huitième dynastie, dans la vallée de Biban-el-Molouk, remontent au moins au seizième siècle avant notre ère, et que par conséquent le peuple blond qui s'y trouve figuré sous le nom de Tamehu, en le considérant comme immigrant, ne pourrait être arrivé sur les rivages d'Afrique vers le quinzième ou le quatorzième siècle, ou sous les règnes de Séti Ier et de Ramsès II, comme on le dit (3).

Toujours est-il que ce serait aller au delà de ce qui ressort de ce précieux document ou de ce qu'il en reste, que d'y voir avec certitude que ces peuples blonds ou roux de la Libye fussent originairement étrangers au sol, et surtout qu'ils fussent sortis des contrées septentrionales de l'Europe. M. Faidherbe croit pouvoir dire qu'ils sont « venus certainement par l'Espagne et peut-être par l'Italie et la Grèce (4). » Cependant l'inscription mutilée de Merenptah, telle que la donne M. de Rougé, ne s'ex-

(1) Champollion, *Lett. écrites d'Égypte et de Nubie, en 1828 et 1829*, p. 204 et suiv.; Paris, 1868. — Cf. Champollion-Figeac, *Égypte ancienne*, dans *l'Univers*, p. 29-31; Paris, 1843.

(2) Ouv. cit., *ub. sup.*, t. XVI, p. 82-83.

(3) Lenormant, *Manuel d'hist. ancienne de l'Orient*, t. III, p. 155, cf. t. I, p. 427-30; Paris, 1869. — Faidherbe, *Sur l'ethnograph. du nord de l'Afrique*, dans les *Bull. de la Soc. d'anthrop.*, 1870, sér. II, t. V, p. 49.

(4) *Ibid.* — Cf. *id.*, *Sur les tomb. mégalith. et sur les blonds de la Libye*, *ibid.*, 1869, sér. II, t. IV, p. 537-38.

plique point à cet égard. Elle dit seulement que ces peuples de l'invasion étaient « venus de la mer », qu'ils se joignirent aux Rebu ou Lebu (Libyens) pour s'emparer de l'Égypte, et qu'il y avait aussi parmi ces derniers notamment des Mas'uas', lesquels avec les Lebu étaient alors les principales populations de l'Afrique septentrionale, et dont le type était blond.

Ne se pourrait-il, en effet, que ces nations, en les supposant d'origine exotique, eussent quitté des demeures autres que l'extrême nord de l'Europe? Rappelons-nous que les Κιμμέριοι d'Hérodote étaient fixés dans la Cimmérie, près du Bosphore Cimmérien et de la mer d'Azof (1). Là aussi étaient même une Libye habitée par les Macrocéphales, la Libye au-dessus de Colchos, selon Suidas, d'après Paléphate, et des Libyens : peut-être des colonies libyennes (2). Et, comme les Scythes, les Cimmériens, les Sarmates, les Gètes avaient occupé ces contrées voisines du Palus-Méotide, ne se pourrait-il encore que ces peuples fussent représentés dans ces Libyens aux yeux bleus, aux cheveux blonds ou roux, et que, avant leurs migrations connues historiquement, un ou plusieurs de leurs essaims se fussent dirigés vers l'Afrique? Ce seraient là des questions.

Quoi qu'il en soit, c'est à ces anciens peuples de la Libye, toujours considérés comme étrangers au sol, ou venus du Nord, que l'on attribue l'édification des dolmens, des tumulus et autres monuments sépulcraux découverts en si grand nombre, il y a quelques années, dans tout le nord de l'Afrique. Ces monuments ayant leurs analogues en Europe, c'est de là qu'ils tireraient leur origine. A des périodes différentes, une même race aurait élevé les dolmens du nord, et particulièrement du nord-ouest de l'Europe, ceux de la Gaule et ceux de l'Afrique, ces derniers paraissant être en général moins anciens que les précédents. Et en cela, ne faudrait-il pas voir, ainsi que le dit M. Al. Bertrand, « les diverses étapes d'une même race, fuyant de l'est à l'ouest, du nord au sud, l'invasion des conquérants auxquels elle emprunte toutefois, chemin faisant, une partie de leur civilisation? » Ce savant collègue incline à croire « que la race qui a élevé les dolmens de France est la même que celle qui a élevé les dolmens de la Poméranie, du Hanovre, du Dane-

(1) Lib. IV, cap. XII *et pass.*

(2) *Lexicon*, in voce Μακροκέφαλοι. — Cf. Moreau de Jonnès, *Ethnogénie caucasienne*, p. 215, 251, 262; Paris, 1861.

mark et de l'Angleterre. » Il dit aussi que « la distribution géographique des dolmens, chez nous, doit faire supposer que cette race y est arrivée par mer (1). » Mais on va beaucoup plus loin quand on conjecture que ces vestiges sont d'origine gauloise (2); ou bien encore, avec M. H. Martin, qu'ils pourraient provenir des Celtes, conquérants de l'Espagne, passés de là en Afrique, et qui auraient été « ces mystérieux Libyens blonds » de la grande coalition contre l'Égypte, les Tamehu des Égyptiens (3).

Sans méconnaître la valeur des faits sur lesquels on se fonde, et bien que la solution définitive du problème demande encore de longs éclaircissements, nous dirons cependant que nous ne partageons pas ces vues. Une hypothèse qui nous sourit davantage et que beaucoup de données nous semblent corroborer, c'est que la race des dolmens, s'il y a unité de race, en admettant qu'elle soit en Algérie celle des envahisseurs de l'Égypte, ce que nous croyons aussi, n'a point marché du Nord au Sud, mais bien plutôt du Sud au Nord, et qu'elle n'est autre qu'une race autochthone, ou celle d'un groupe de peuples originaires de l'Atlas. Loin que l'usage de ces sépultures ait été introduit chez eux ou reçu par eux, ce sont eux qui seraient les initiateurs et qui l'auraient donné, en le transportant chez les autres nations.

Et que s'il était démontré que ceux de ces monuments funéraires qui s'éloignent le plus de leur centre apparent de rayonnement, en Europe, sont les plus anciens ou les plus grossiers, ceux de l'âge de la pierre et du bronze, tandis que ceux d'Afrique appartiendraient à l'âge du fer, c'est que les premiers dateraient en effet d'une époque antérieure, qui serait celle des plus anciennes migrations de ce peuple des Atlantes, que Diodore appelle les hommes les plus civilisés de ces contrées (4), et que les anciens regardaient comme d'habiles navigateurs. Les dolmens sont d'ailleurs moins condensés, en général, et peut-être

(1) *De la race qui a élevé les dolmens*, dans les *Bull. de la Soc. d'anthropol.*, 1864, t. V, p. 382.

(2) Féraud, *Monum. dits celtiques dans la prov. de Constantine*, dans le *Recueil des notices et mém. de la Soc. archéolog. de Constantine*, ann. 1863, p. 214 et suiv.

(3) *De l'orig. des monum. mégalith.*, dans la *Rev. archéolog.*, 1867, nouv. sér., t. XVI, p. 394-95; — Cf. id., *Sur les monum. mégalith.*, etc., dans les *Bullet. de la Soc. d'anthropol.*, 1867, sér. II, t. II, p. 168.

(4) Lib. III, cap. LIV, cf. cap. LVI.

moins nombreux dans les diverses parties de l'Europe qu'en Afrique. Cela ne pourrait-il se comprendre? Ces colonies d'émigrés, comme il arrive d'ordinaire, auraient fini par disparaître, alors que la race mère, vivant sur son sol, continuait de progresser, suivait sa voie, jusqu'au jour marqué pour son effacement ou son amoindrissement devant l'ethnographie, ou mieux l'histoire.

Il est encore une opinion, celle de M. Roget de Belloguet, qui consiste à voir dans les Ligures, que l'on identifie avec les Libyens, un peuple de race africaine, « les frères des Numides et des Maures, c'est-à-dire des Berbères, » et en eux les auteurs des « effrayants travaux qu'ont exigés les monuments mégalithiques (1). » Cette opinion, nous ne la discuterons point, mais il nous importait de la mentionner.

On a aussi considéré comme Aryas, sans être Celtes, les envahisseurs de l'Égypte. La provenance aryenne est en grande faveur. M. Lenormant dit même que Salluste « fait de ces envahisseurs des Perses, des Mèdes et des Arméniens composant l'armée d'Hercule, ce qui indique clairement qu'il savait leur origine aryenne. » Et M. Al. Bertrand, selon toute apparence, ne serait pas éloigné d'attribuer à ces mêmes peuples les monuments mégalithiques algériens (2). Nous reviendrons sur cette version de Salluste. Mais quant à regarder comme étant de souche aryenne les constructeurs des dolmens en général, et notamment en Europe, on sait que cette opinion n'est point admise par les archéologues du Nord, non plus que par M. Bertrand lui-même (3). Et nous sommes, nous aussi, de ceux qui croient que la plupart de ces monuments, aussi bien dans le nord de l'Europe et en Gaule qu'en Algérie, sont préaryens.

Pour les Tamehu, ils étaient certainement blonds ou roux. Sorti des flancs du vieil Atlas, ainsi que nous le présumons, ce peuple primitif aurait encore des spécimens dans les mo-

(1) Ouv. cit., Types gaul., etc., p. 300 et suiv., 310 et *pass.*; *ibid.*, Le génie gaul., p. 535 et suiv., 539-41.

(2) Lenorm., ouv. cit., t. III, p. 154-55, cf. p. 162, 165. — Bertr., *Sur les fouilles de Roknia*, dans les *Bull. de la Soc. d'anthrop.*, 1868, sér. II, t. III, p. 629-30. — Cf. Bourguignat, *Hist. des monum. mégalith. de Roknia*, p. 57 et *pass.*; in-4°, Paris, 1868.

(3) *De la race*, etc., cit., *ub. sup.*, t. V, p. 379 et suiv.; — *Id.*, *Les monum. prim. de la Gaule*, dans la *Revue archéolog.*, nouv. sér., 1863, t. VII, p. 234-35. — Cf. Faidherbe, *Sur les tomb. mégalith.*, etc., cit., *ub. sup.*, sér. II, t. IV, p. 538-39.

mies guanches, comme des représentants, même assez nombreux, au milieu des nations Kabyles. On a recueilli déjà beaucoup de crânes provenant de ces dolmens, et l'on a reconnu que « les deux tiers au moins » de ceux rapportés de Roknia par M. Bourguignat « appartiennent à la souche kabyle ou berbère (1). » Ainsi M. Faidherbe, d'après ses propres observations, ne met pas en doute que la plupart des crânes exhumés de cette nécropole ne soient d'origine autochthone (2). Mais c'est sur toute l'étendue de l'Afrique du Nord qu'il importerait d'en colliger autant que cela est possible, et de les étudier soigneusement. Car c'est à cet ordre de recherches comparées qu'appartiennent les preuves.

D'ailleurs on peut se demander quelle race, si nombreuse qu'elle fût, émigrée de l'extrême nord de l'Europe, se serait multipliée au point de couvrir le sol de ses sépultures, dans ce climat si meurtrier pour les Européens septentrionaux actuels. Dirait-on que dans ces âges reculés la température du nord de l'Afrique était moins élevée, que le climat de Roknia, par exemple, était alors plus froid et plus humide que de notre temps (3) ? Mais nos contrées aussi ont subi des périodes de froid ; et il faudrait savoir si ces différences respectives des climats s'éloignaient beaucoup de ce qu'elles sont aujourd'hui. On peut se demander surtout ce que serait devenue la langue de ces nations originaires du nord de l'Europe, et probablement conquérantes? Qu'elles l'eussent imposée aux vaincus, en absorbant plus ou moins la leur, comme dans les invasions aryennes, ainsi qu'on le rapporte, ou qu'elles eussent adopté le langage des indigènes, il resterait de ces substitutions des traces qui n'existent point. Tous les Berbères non arabisés parlent des dialectes berbères; et les caractères des plus anciennes inscriptions, celles dites *libyques*, sont fort analogues à ceux de cette même écriture conservée et retrouvée chez les Touâreg.

Nous savons que les dolmens abondent dans le Maroc. Il y aurait à rechercher s'il en existe, de même qu'il existe des grottes à momies et des tumulus, aux îles Fortunées, qui

(1) Pruner-Bey, dans Bourguignat, ouv. cit., p. 42.

(2) *Rech. anthrop. sur les tomb. mégalith. de Roknia*, dans le *Bullet. de l'Académie d'Hippone*, cit., 1868, n° 4, p. 59-60, 69 et *pass*.

(3) Bourguignat, ouv. cit., p. 84 et suiv.

furent habitées par ce grand peuple autochthone, dont une partie était de race blonde. Et qui sait même si leurs ancêtres n'auraient pas été des naturels de l'Atlantide? Qui sait s'ils n'ont pas connu la vieille Amérique, où l'on découvre tant de tumulus, comme d'ailleurs presque partout, et où tant de pyramides aux proportions cyclopéennes, particulièrement sur les bords du Mississipi et de ses affluents, demeurent des énigmes? Ce qui ne paraît pas douteux, c'est que, pour les relations commerciales, les Atlantes, ces *enfants chéris de Neptune*, envoyèrent au loin des colonies sur les côtes de l'Océan, en Portugal, en Armorique, en Cornouailles et dans le pays de Galles, peut-être en Irlande et ailleurs, au milieu d'autres peuples, chez lesquels, on doit le reconnaître, ils auraient pu puiser cette coutume, qu'ils auraient transportée dans leur patrie. Et, de même, on conçoit qu'ils aient pu recevoir de ces mêmes contrées des colonies de peuples constructeurs des dolmens, et dont ils auraient été les imitateurs.

Du reste, on ne peut assurer qu'un usage commun à plusieurs races appartienne nécessairement en propre à l'une d'elles, qui l'aurait communiqué ou reçu, et par conséquent que la coutume des dolmens en Europe et en Afrique dérive indubitablement l'une de l'autre. Tous les hommes n'ont-ils pas eu les mêmes besoins, comme ils ont les mêmes facultés? Combien de peuples différents ont taillé des silex ou se sont tatoués! Combien ont adoré le feu, les astres! Tous enfin n'ont-ils pas eu le culte de la tombe, dont les pyramides d'Égypte sont la plus grandiose et la plus fastueuse expression? Quoi qu'il en soit, nous soumettons ces points de vue à nos collègues, en faisant des vœux pour qu'ils soient jugés dignes de leur examen.

Une grande immigration de peuples divers, et qui prend sa source en Asie, entre la Méditerranée et l'Euphrate, paraît, d'après quelques historiens, se rapporter à l'invasion de familles cananéennes. Suivant Procope, les peuples de la terre de Canaan, qui passèrent en Afrique, au temps de Josué, successeur de Moïse, « l'occuperent entierement, depuis l'Egypte jusqu'aux colomnes d'Hercule, » et ils la rendirent habitable, en y bâtissant un grand nombre de villes, « de sorte qu'encore à present, dit-il, les Afriquains parlent la langue Phenicienne... Auparavant qu'ils vinssent en Afrique, elle estoit habitée par d'autres peuples, lesquels y ayant demeuré depuis très-longtemps, on croyoit qu'ils en estoient les premiers habitans... En suite ceux qui vinrent avec Didon se retirerent en Afrique, comme en un pays habité par leurs alliez et leurs parens, par la permission desquels ils bastirent Carthage et en furent les maistres (1). » Ces premiers habitants, Salluste, ou plutôt Hiempsal, les avait nommés, nous l'avons dit. D'autre part, on lit dans Édrisi que les Berbères « habitaient anciennement la Palestine, à l'époque où régnait Djalout (Goliath).» descendant de Ber et de Mesr. « David (sur qui soit la paix !), ajoute-t-il, ayant tué Djalout le Berber, les Berbers passèrent dans le Maghreb, parvinrent jusqu'aux extrémités les plus reculées de l'Afrique et s'y répandirent (2). » Telle est aussi l'opinion d'El-Bekri, d'accord avec El-Masoudi, tandis que d'autres Arabes veulent que ce soit Josué qui chassa ces peuples de la Syrie (3). En admettant que ces récits fussent vrais l'un et l'autre, ils se rapporteraient à deux invasions fort distinctes des Palestiniens (Philistins), les deux époques de Josué et de David différant beaucoup.

Les immigrations de Canaan et des pays voisins sont attestées par certaines traditions et par des noms de tribus qui rappellent cette origine. Saint Augustin nous apprend que de son temps les habitants des environs d'Hippone se disaient Cananéens : *Unde interrogati rustici nostri quid sint, Punicè respondentes* Chanani, *corruptâ scilicet, sicut in talibus solet, unâ litterâ, quid aliud respondent quàm Chananæi?* Ailleurs on voit que cet évêque recherchait pour le territoire d'Hippone un prêtre qui fût familier avec la langue punique ou phénicienne, *Punicâ linguâ esset instructus*, et qu'il le trouva dans un vieillard..., *Senem qui tunc primatum Numidiæ gerebat* (4). Ainsi, d'après le Suédois Gràberg di Hemsö, les Schellouh ou Chlouah du Maroc se regardent toujours comme les descendants en ligne directe des aborigènes de l'extrême Occident,

(1) *Op. cit.*, lib. II, cap. x; trad. fr., p. 296-98; in-12, Paris, 1670. — Cf. Moïse de Khoren, *Histor. armeniaca*, trad. lat., lib. I, cap. XVIII, p. 51-53 ; in-4°, Londini, 1736. — Suidas, *op. cit.*, *in voce* Χαναάν.

(2) Ouv. cit., t. I, p. 203.

(3) Ibn-Khaldoun, ouv. cit., t. I, p. 176-77.

(4) *Epistol. ad Roman. inchoata Expositio*, t. III, p. 931 ; in-fol., Parisiis, 1689. — Id., *Litter.*, *litt.* CCIX, § 3, cf. *litt.* CVIII, § 14.

considérant les Beràber comme des Philistins, *Filistei, od originarii dalla Palestina*, descendants de Misraïm et de Casluhim ; tandis qu'eux-mêmes se vantent, *si gloriano*, d'être les vrais parents des « Amazirghi-Beranis », enfants de « Mazirgh (1). » Encore aujourd'hui les rabbins algériens donneraient aux Kabyles le nom de Philistins (*Paleschtin*); et chez ceux-ci le nom de Ben-Canaan n'est point rare. Certaines tribus ou fractions de tribus, comme les Kabyles Aïth-bou-Youcef, suivant les traditions locales, professaient jadis le judaïsme rapporté par elles de la Palestine (2). D'un autre côté, les Beni-Mezâb (Mozabites), dont la physionomie, les mœurs, le dialecte sont à part, qui ne sont ni chrétiens, ni musulmans, comme disent les Arabes, et qui ne se marient qu'entre eux, passent pour provenir des Moabites, qui furent assujettis et persécutés par David. Et de même, leurs frères, les Ammonites, expulsés aussi de leur pays par les Israélites, auraient été représentés par les Amonéens, aujourd'hui les Amouni. On a dit que la tribu des « Phlissa, que nous écrivons ordinairement Flissa,..... vient encore attester par son nom leur parenté avec les Philistins (3). » Nous pourrions multiplier ces rapprochements. Mais, en thèse générale, nous croyons que l'on ne saurait être trop réservé dans les conséquences qui se tirent de la ressemblance des noms ; car il n'est rien qui ne se puisse voir à travers le mirage des étymologies.

Ce que nous dirons encore, c'est qu'à Tougourt, parmi les habitants, qui sont en général mêlés de sang nègre, de même que les Rouàgha (de l'ouâd-Rhigh), il existe une soixantaine de familles blanches, déjà signalées par le consul Hogdson, *a distinct race of white people*, que la tradition fait descendre d'anciens immigrés israélites convertis. Il ajoute qu'elles ne parlent que l'arabe, *only the Arabic language*. Ces familles seraient établies depuis un temps immémorial dans le pays ; et, suivant sans doute en cela les errements de leurs aïeux, elles se seront conservées pures, en ne s'alliant qu'entre elles (4).

(1) *Specchio geograf. e statist. dell' imp. di Marocco*, p. 78; Genova, 1834.

(2) Devaux, *Les Kebaïles du Djerdjera*, p. 271 ; Paris, 1859. — Aucapitaine, *Les Kabyles et la colonisation de l'Algérie*, p. 93 ; Paris, 1864.

(3) Pellissier, *Ann. algér.*, t. I, p. 248-50; Paris, 1836.

(4) In *Transact. of the American Philosoph. Society*, new ser., vol. IV, p. 24; in-4°, Philadelph., 1834. — Cf. Daumas, *Le Sahara algérien*, p. 125-26; Paris, 1845.

Une autre invasion, dont l'existence toutefois peut être contestée, est celle des Arabes sabéens, sous la conduite d'Ifricos, fils de Caïs-Ibn-Saïfi, l'un des anciens princes himyerites du Yémen, lequel aurait donné son nom à l'Ifrikïa (régence de Tunis). En effet, un auteur arabe dit que « les Himyerites n'eurent jamais d'autre voie pour se rendre en Maghreb que les récits mensongers des historiens yéménites. » Et Ibn-Khaldoun, qui rapporte ce témoignage, ne l'infirme point. Pour lui, la version la plus authentique, c'est que les Berbères descendent de Canaan, fils de Cham, fils de Noé. « Leur aïeul se nommait Mazigh; leurs frères étaient les Gergéséens; les Philistins, enfants de Casluhim, fils de Misraïm, fils de Cham, étaient leurs parents. Le roi, chez eux, portait le titre de Goliath (*Djalout*). » Il constate néanmoins que dans la grande famille des Beranès, d'après Ibn-el-Kelbi et d'autres généalogistes arabes, les tribus de Ketama et de Sanhadja n'appartiennent pas à la race berbère, mais à la population yémenite qu'Ifricos Ibn-Saïfi établit en Ifrikïa. Et lui-même partage cette opinion, tout en disant qu'Ifricos ayant quitté le pays dont il s'était rendu maître, ces deux peuples de Ketama et de Sanhadja « devinrent graduellement Berbères et se confondirent avec cette race, de sorte que l'autorité des Arabes en Ifrikïa disparut tout à fait (1). » Il est bon de noter qu'à l'égard d'autres tribus, Édrisi ne s'exprimait guère différemment sur ce sujet. Il dit que des Haouara sont « naturalisés berbers par suite de leur voisinage et de leurs rapports avec les indigènes; » et il fait la même observation à l'égard des Zenata, qui seraient d'après leur généalogie, « telle qu'on la rapporte, » des descendants de Goliath et de Ber. « Les Zenata étaient originairement des Arabes de race pure; mais, par suite des alliances qu'ils ont contractées avec les Masmoudis leurs voisins, ils sont devenus eux-mêmes Berbers (2). »

Quant à l'expédition d'Ifricos, fils de Caïs-Ibn-Saïfi, d'autres, avec El-Makrizi, disent Afrik'is ou Afrik'ich-ben-Abr'a-ben-Zi-el-K'arnin (3), ce petit conquérant qui aurait eu la fortune de

(1) Ouv. cit., t. I, p. 168, 183-85, 27-28 *et pass.*
(2) Ouv. cit., t. I, p. 212, 234.
(3) El-K'airouâni, *Hist. de l'Afrique*, trad. fr., par Pellissier et Rémusat, p. 21-22 et note, cf. p. 28, dans l'*Explorat. scientif. de l'Algérie*; Paris, 1845.

léguer son nom à l'Afrique, comme Vespuce à l'Amérique, nous ne sommes pas de ceux qui la regardent comme purement imaginaire. Et nous y croyons par les traces d'éléments nouveaux, notamment le langage, qu'aurait apportés cette immigration, ou toute autre de même origine, la langue arabe étant parlée dans le nord de l'Afrique longtemps avant l'invasion mahométane (1). Caussin de Perceval ne pensait pas que ce fût là une fable ; et il fait remarquer que dans le tableau des rois du Yémen, on trouve que le règne d'Africous ou Afrikis, fils d'Abraha, paraît être entre les années 60 et 40 avant notre ère (2). Ce n'est peut-être là qu'un exemple de tout ce qu'offrent d'ignorance et de contradictions les récits arabes. Mais il est évident, d'ailleurs, que ce dernier personnage serait autre que le premier, dont l'existence pourrait bien remonter au temps des Hycsôs. L'un aurait donné son nom à l'Afrique, tandis que l'autre l'aurait plutôt reçu comme surnom.

A l'appui de cette tradition sur le séjour des anciens Himyerites ou Sabéens dans le nord de l'Afrique, on peut se rappeler que le culte des astres, du soleil, de la lune existait chez les anciens Libyens, comme l'attesteraient au besoin leurs inscriptions funéraires (3). On en retrouve même des vestiges dans les mœurs de quelques peuplades actuelles. Il est vrai, néanmoins, que ce culte, anciennement si répandu, peut très-bien n'être pas d'origine étrangère. Ici, comme en bien d'autres expressions ethniques, les peuples ont pu se rencontrer sans s'imiter et sans que la filiation y soit pour rien.

De son côté, Léon, le savant géographe de Grenade, rapporte que, selon quelques auteurs, les Palestiniens, « déchassés par les Assyriens », passèrent en Afrique et s'y établirent ; et que, selon d'autres, les Africains tirent « leur vraie origine des Sabées, peuple de l'heureuse Arabie, » et qu'ils furent conduits par leur roi Ifricus, « s'enfuyant vers l'Egypte » et par delà

(1) D'Herbelot, *Biblioth. orient.*, art. Afrikiah. — Cf. Cardonne, *Hist. de l'Afrique, de l'Espagne*, etc., t. I, p. 5, note ; Paris, 1765. — Pellissier, ouv. cit., t. I, p. 252-53.

(2) *Ess. sur l'hist. des Arabes avant l'islamisme*, t. I, p. 67-70 ; Paris, 1847-48.

(3) Hérodote, lib. IV, cap. CLXXXVIII. — Léon, *Descript. de l'Afrique*, trad. fr., par J. Temporal, t. I, p. 67 et suiv. ; Paris, 1830. — Reinaud, *Invasions des Sarrasins en France*, etc., p. 243-44 ; Paris, 1836. — De Rougemont, *L'Age du bronze ou les Sémites en Occident*, p. 271 et suiv. ; Paris, 1866. — Cf. Reboud, *Recueil d'inscript. libyco-berbères* ; in-4°, Paris, 1870.

le Nil, poursuivis par les Assyriens ou les Éthiopiens. Mais il ajoute que, selon d'autres encore, les Africains « ont été habitants d'aucunes parties d'Asie, » fuyant aussi devant leurs ennemis, d'abord vers la Grèce, alors inhabitée, et qu'ils furent ensuite contraints d'abandonner, pour se jeter sur l'Afrique, où ils demeurent (1). Ainsi, les renseignements de l'histoire et ceux que fournit l'ethnographie s'accordent pour attester les antiques conflits de ces peuples sur le rivage africain de la mer Intérieure.

Léon divise tous les habitants de la Barbarie et de la Numidie, ou « les blancs d'Afrique », en cinq peuples, savoir : « les Sanhagia, les Musmuda, les Zénéta, les Haoara et les Guméra. » Marmol, en nommant (un peu différemment) ces mêmes peuples (ou tribus), dit que ce sont ceux qui sont appelés Berbères, « parce-que leur prémiere habitation fut en Barbarie : au-lieu que ceux qui estoient auparavant dans la Tingitane, la Numidie et la Libye s'appellent Chilohés. » Ailleurs il dit : « Les anciens Africains sont nommés Chilohés ou Bérébéres..... » Leur langue a trois noms : « Chilha, Tamazegt et Zenetie (2). » Mais Léon observe que ces peuples « se conforment ensemble en une langue, laquelle est communément par eux appelée *aquel amarig* » (langue noble). Il dit que cette langue est la « naïve africaine, » et qu'elle est mêlée de mots arabes (3). Toutefois, M. de Slane fait remarquer que ces deux termes « *akal amazigh* » ont été mal traduits par Léon, et qu'ils ne signifient autre chose que le *pays berbère* (4). Ce qui paraît certain, d'ailleurs, c'est que plusieurs de ces tribus ont poussé de profondes racines et produit de nombreux rameaux, qui se seront perpétués ; car leurs noms, plus ou moins altérés, se retrouvent encore sur divers points du territoire, en Algérie, au Sahara, au Maroc, comme dans l'histoire des îles Canaries. Il y a, par exemple, des Haouara près de Médéa, des Sanhadja aux environs de Bougie et dans le cercle de l'Edough, des Zenata non loin de Tlemcen, dans le cercle de Constantine et dans le Zab ; d'autres prennent ce nom dans le pays de Touât. Et nous venons de

(1) Ouv. cit., t. I, p. 12-14, cf. p. 1-2.

(2) Léon, *ibid.*, p. 15. — Marm., *l'Afrique*, trad. fr., par Perrot d'Ablancourt, t. I, p. 68, 92, cf. p. 93 ; in-4°, Paris, 1667.

(3) Ouv. cit., t. I, p. 19-20.

(4) Dans Ibn-Khaldoun, ouv. cit., *Appendice*, t. IV, p. 495.

voir que ces tribus sont de celles que divers historiens rattachent primitivement au sol du Yémen. De quelque manière que soient envisagées ces immigrations cananéenne et arabe, et quelle que soit l'obscurité qui les couvre dans leur origine, il est donc permis de les considérer comme ayant tous les caractères de faits acquis ou peu contestables.

En d'autres temps, après la fondation d'Utique, puis de Carthage, des Phéniciens venus de Tyr, de Sidon, de Byblos se répandirent sur les côtes libyques et y fondèrent des colonies et des villes, comme Hippo Diarrhytus, Hadrumetum, Leptis (1). D'après Scylax et Strabon, ils auraient étendu leurs établissements depuis les Syrtes, où ils confinaient aux Grecs de la Cyrénaïque, jusqu'aux colonnes d'Hercule; et si l'on en croit le *Périple* d'Hannon, les Carthaginois auraient aussi fondé des colonies liby-phéniciennes sur les côtes de l'Océan (2). Enfin ce fut vraisemblablement de ces mêmes rivages phéniciens que s'éloignèrent d'autres nations venues de l'Orient, fuyant leur patrie, et qui, suivant le mythe de l'Hercule tyrien, voguèrent vers l'ouest du bassin méditerranéen, la terre du couchant, avec son jardin des Hespérides, et le royaume d'Antée, fils d'Atlas. Ici la fable se mêle à l'histoire et la domine. Ce que l'on aperçoit au milieu de ces fictions, c'est toujours la richesse merveilleuse des contrées de Maghreb, c'est l'attrait de la conquête qu'elles inspiraient aux envahisseurs, et c'est l'invincible courage des autochthones à défendre leur sol contre les attaques de l'étranger.

Salluste, encore d'après Hiempsal, et sans rien garantir par lui-même, nomme trois de ces peuples : les Mèdes, les Perses et les Arméniens, qui faisaient partie de l'armée d'Hercule, lequel étant mort en Espagne, selon les Africains, *sicut Afri putant*, et son armée ayant été dispersée, passèrent en Afrique, et s'établirent sur les côtes les plus voisines de la Méditerranée. Il rapporte que les Perses s'avancèrent davantage vers l'Océan, et que, s'étant mêlés aux Gétules, ils prirent le nom de Numides, *semetipsi Numidas appellavere*. Pline aussi dit qu'on nommait anciennement Perses les *Pharusii*, peuple gétulien qui, d'après Méla, s'étendait jusqu'à l'Éthiopie, *usque ad Æthiopas*, et que

(1) Salluste, *op. cit.*, § 19. — Cf. Pline, lib. V, cap. III-IV.

(2) Scyl., *op. cit.*, Carthago, p. 49-50. — Strab., lib. XVII, cap. III, § 15. — *Relat. d'Hannon.*, *init.*

Strabon et Ptolémée placent également très-loin au sud de la Maurusie et au nord du mont Ryssadius (1). Salluste ajoute que les Mèdes et les Arméniens se joignirent aux Libyens, qui, dans leur idiome barbare, les appelèrent insensiblement Maures, au lieu de Mèdes, *Mauros pro Medis appellantes* (2). Voilà, dans un récit confus, bien des inconnues. Du reste, la critique moderne apporte ici ses doutes, et se croit en droit de substituer à ces trois noms de peuples montagnards, agriculteurs, sédentaires et paisibles ceux de Madianites, de Phéréséens et d'Amorrhéens ou d'Araméens, refoulés, en effet, les uns par les Hébreux, les autres par les Assyriens, ou même par les conquêtes des Égyptiens (3).

Mais il faut renoncer à débrouiller complétement ces questions ethniques, dont les traits individuels nous échappent, et qui dans leur ensemble seulement sont éclairées par l'histoire. Les siècles se sont accumulés, les mœurs ont quelque peu changé avec les lieux ; toutes ces nations se sont plus ou moins enchevêtrées, ou même mêlées ; les caractères primitifs ont subi des altérations peut-être considérables. Enfin sont venues par surcroît les invasions romaine, vandale, byzantine, successivement chassées les unes par les autres. Et, en présence d'un tel amas de ruines et de tant de difficultés inextricables, et que chacun résout à sa manière, on éprouve comme un soulagement à se tourner vers l'étude des faits actuels.

Toute cette vaste étendue des côtes et des régions limitrophes de l'Afrique septentrionale fut donc occupée très-anciennement, avec des caractères différents d'occupation, par une multitude d'essaims étrangers, notamment de souche syro-arabe, et devant lesquels furent forcés de reculer les premiers habitants, qui sont pour nous des Atlantes. Il arriva sans doute plus d'une fois, peut-être même habituellement, que ces familles de colons ou de marchands vécurent isolément et sans se mélanger avec les indigènes. C'est la loi générale, à laquelle le génie des peuples de ce pays donne une sanction

(1) Salluste, *op. cit.*, § 18.— Pl., lib. V, cap. VIII, *in fine*.—Méla, lib. I, cap. IV, cf. lib. III, cap. X. — Strab., lib. XVII, cap. III, § 7. — Ptol., *op. cit.*, lib. IV, cap. VI, et *Afr. tabul.*

(2) *Op. cit.*, *loc. cit.*

(3) Mignot, *Vingt-deuxième Mém. sur les Phéniciens*, dans les *Mém. de l'Acad. roy. des inscript. et belles-lett.*, ann. 1786, t. XLII, p. 29-30.

saisissante. Les étrangers, pour ces peuples en particulier, sont toujours des ennemis. Et si la souche arabe est peu portée aux croisements, aux rapports internationaux, et ne veut pas se laisser pénétrer, il n'en est guère différemment du Kabyle, jaloux de sa terre et qui défend son bien. Ainsi les Romains, et surtout les Vandales, les Byzantins, ne firent que passer, en dévastant et guerroyant, de même que plus tard les Turcs, sans jamais s'assimiler au sol.

Il est vrai que la conquête mahométane fut facilitée par certaines analogies de mœurs, et que les Arabes, dont les ancêtres vivaient à la manière des Gétules, rencontrèrent là des alliés naturels, et en outre les monts et les sables, les palmiers, les chevaux et les chameaux du Hedjaz et du Nedjd. Ils y trouvèrent, on ne sait dans quelles limites, l'usage de la langue arabe, parlée sur ces rivages, comme nous l'avons dit, longtemps avant cette conquête ; et ils y trouvèrent probablement aussi la polygamie et la circoncision. Sans doute, il n'en avait point été de la sorte, au même degré, pour les invasions asiatiques anciennes. Mais, quelles que fussent les antipathies qui purent exister entre nations différentes, entre vainqueurs et vaincus, on peut croire qu'avec le temps il s'opéra des rapprochements entre les maîtres du sol et les immigrés, auxquels il fallait faire place, et que parmi les vieux peuples les uns furent refoulés, s'ils ne se retirèrent sur leurs montagnes inaccessibles, alors que les autres s'agglomérèrent et s'allièrent plus ou moins avec les nouveaux venus.

En outre de ce que nous avons dit des tribus arabes qui seraient devenues berbères, nous avons, pour témoigner de faits semblables dans l'antiquité, l'existence historique de populations composées ou plus ou moins mêlées, comme les Liby-Phéniciens, les Leuco-Éthiopiens, les Mélano-Gétules, nations qui, par leur origine supposée métisse, devaient tendre à disparaître, à moins d'un entretien permanent. Les Liby-Phéniciens, Λιβυφοίνικες, de Diodore, occupaient, sous les Carthaginois, beaucoup de villes maritimes ; et leur territoire, suivant Strabon, s'étendait jusqu'aux montagnes de la Gétulie (1). Pline place les Leuco-Éthiopiens, *Leucæthiopes*, au delà des Gétules et des

(1) Diod., lib. XX, cap. LV. — Strab., lib. XVII, cap. III, § 19. — Cf. Ptolémée, *op. cit.*, lib. IV, cap. III.

Liby-Égyptiens, Méla entre les uns et les autres, et Ptolémée très-loin dans le désert, au sud du mont Ryssadius, vers l'Océan (1). Et quant aux Gétules noirs ou Mélano-Gétules, qui sont au sud de la Gétulie, d'après Ptolémée, et que M. P. Duprat appelle Libyo-Éthiopiens, en les considérant comme les Leuco-Éthiopiens de Méla (2), nous les croyons plutôt issus du mélange des Gétules avec les Éthiopiens ou les noirs, leurs voisins, alors comme aujourd'hui. Mais la preuve encore que ces flux et reflux de peuples divers ont marqué leur empreinte sur les anciennes populations, c'est que, sans parler des habitants des villes, ces populations, notamment dans les pays ouverts, sont loin d'être homogènes, bien que les types ne soient point pour cela confondus. Cette dernière remarque est même applicable à la plupart des groupes indigènes, au milieu desquels nous voyons si souvent des éléments différents vivre chacun de sa vie propre, en même temps que de la vie commune, et conserver ainsi dans l'agglomération leurs caractères ethniques.

Nous citerons comme exemple la grande tribu chaouïa des Oulâd-Abn-en-Nour, dans la province de Constantine, entre cette ville et Setîf, chez laquelle nous avons observé (en 1840) les caractères physiques les plus variés. Dans une de ces solennités théâtrales où tous les cavaliers sont passés en revue et se livrent à leur genre de manœuvre que l'on nomme *fantasia*, nous n'avons pas été médiocrement surpris de rencontrer là des traits presque mongols, rappelant ceux de quelques-uns des miliciens turcs, à côté de purs profils blancs ; des physionomies qui représentaient alternativement les types berbères, arabe, vandale et même grec, des proportions non moins différentes dans l'habitude du corps ; enfin toutes les nuances de la couleur, depuis la teinte noirâtre jusqu'à celle des races blondes. Cette tribu, où se trouvent aussi des Kabyles et des Arabes, avait peu d'influence, malgré sa force numérique, et elle était peu estimée, en raison de son origine chaouïa (3). Nous avions fait une remarque du même genre sur les spahis de Constan-

(1) Pl., lib. V, cap. VIII. — Méla, lib. I, cap. IV. — Ptol., *op. cit.*, lib. IV, cap. VI, et *Afr. tabul.*

(2) Ptol., *op. cit.*, lib. IV, cap. VI. — Dupr., *Ess. histor. sur les races anc. de l'Afr. septentr.*, p. 220 ; Paris, 1845.

(3) *Tabl. de la situat. des établissem. français en Algérie*, ann. 1844-1845, p. 457.

tine, anciens cavaliers du bey, Turcs, Koulouglis et surtout Arabes, chez lesquels ces derniers nous ont offert une variété de types extraordinaire, alors qu'il n'en était pas ainsi pour les Turcs et pour les Koulouglis. Beaucoup de tribus présentent un phénomène semblable. Telle est, en particulier, celle des Ameraoua, en pleine Kabylie, ancienne colonie militaire sous le régime turc, composée non-seulement de Kabyles, d'Arabes, de Koulouglis, de Nègres, mais réceptacle d'une foule de réfugiés et de renégats de diverses nations. D'autres encore, comme celle des Beni-Amer, dans la province d'Oran, celles des Eumour et des Hel-ben-Ali, dans le Zab septentrional, sont formées de colonies venues de points fort éloignés les uns des autres et d'origine, de mœurs différentes, en même temps que de l'élément primitif, qui est la famille du fondateur (1). Mais, malgré ces différences, tous ne considèrent pas moins la tribu comme leur cité, le corps auquel ils appartiennent, chaque fraction conservant son individualité distincte, et cette agrégation n'amenant point la fusion.

Il est aussi des tribus arabes que la tradition fait descendre des Berbères (comme il en est de berbères que la tradition fait descendre des Arabes), tandis que beaucoup d'autres sont composées d'Arabes et de Berbères ou Kabyles. Édrisi parle déjà de tribus berbères auxquelles un long voisinage a fait adopter l'usage de la langue arabe, « de sorte, dit-il, que les deux peuples n'en forment plus qu'un (2). » La langue arabe! toujours la langue, qui fait le peuple! Cela, comme on voit, n'est pas nouveau. Pellissier fait cette remarque à l'égard de certaines peuplades des montagnes du littoral, aux environs de Bône, qui sont « d'origine Kbaïles, mais Arabes de langue (3). » M. Hanoteau observe, en outre, que les Berbères ont la singulière manie « de renier leur origine pour se donner des généalogies arabes. » Et il dit que certaines tribus notoirement berbères se croient arabes; que des fractions d'origine arabe ont complétement adopté les mœurs et la langue des Kabyles. Il cite, entre autres, l'exemple du cercle de Djidjelli, dans lequel l'arabe seul est en usage, alors que « la

(1) Carette et Warnier, *Notice sur la div. territor. de l'Algérie*, *ibid.*, ann. 1844-1845, p. 393-95.

(2) Ouv. cit., t. I, p. 204.

(3) Ouv. cit. (1836), t. II, p. 64.

presque totalité de la population est incontestablement berbère.» La province d'Oran abonde en faits semblables (1). C'est ainsi, comme le montre M. Warnier, qu'un très-grand nombre de tribus kabyles parlent arabe, ont « la prétention de se donner une origine arabe, réputée plus noble, » passent trop souvent pour arabes, bien que conservant tous les attributs de leur race, et seraient véritablement prises pour telles, si l'on n'avait égard qu'au langage. C'est ce que l'on a nommé *Berbères arabisants*, par opposition à ceux qui gardent l'usage de leur langue nationale, et qui sont dits *Berbères berbérisants* (2). Ibn-Khaldoun avait appelé Arabes arabisants les Arabes purs, et il nommait Arabes barbarisants, *Mostadjem*, ceux dont le langage était altéré par des barbarismes (3).

Il faudrait pouvoir apprécier sinon quel rôle ont joué les populations immigrées, du moins quelles traces elles ont laissées, problème encore suffisamment difficile, et dans lequel le champ des conjectures reste ouvert. Ce que nous en avons dit cependant, en insistant même sur les faits qui paraissent contraires, prouve que si ces vieux envahisseurs et ces primitives immixtions ont eu jadis une influence considérable sur la constitution des peuples dans ce pays, et que s'il en subsiste surtout des noms, la population dans son ensemble n'en demeure pas modifiée aujourd'hui autant qu'on pourrait le penser. En effet, sauf des nuances entre la plaine envahie et la montagne où n'a pas pénétré la conquête, entre l'Est et l'Ouest, et beaucoup de différences individuelles, traces dernières d'anciennes intrusions et d'anciens mélanges, le Kabyle du Tell algérien est à peu près partout le même ; et il est permis de croire que ces divers peuples, aventureux et venus de loin, auront fini par succomber dans la lutte avec les conditions nouvelles, au point qu'il n'en reste guère que des vestiges peu nombreux, et parfois à peine reconnaissables.

Ainsi les conflits ont cessé, tout est rentré dans le calme. Les effets des croisements, lorsqu'ils ont eu lieu, ne se sont pas perpétués ; et, à défaut de continuité dans le recrutement, comme il arrive en cas semblables, la plupart de ces popula-

(1) *Ess. de gramm. de la langue tamachek'*, p. 281 ; Paris, 1860.
(2) Warnier, *l'Algérie devant l'empereur*, p. 12, 14 ; Paris, 1865.
(3) Ouv. cit., t. I, p. 7, cf. introd., p. III-IV.

tions étrangères, quand elles ne se sont pas éteintes d'elles-mêmes, auront été finalement absorbées dans le sang indigène, à la manière des fleuves qui se perdent dans la mer. Que si les Arabes seuls ont prospéré sur ce sol, comme par exemple ils prospèrent en Égypte, c'est qu'ils ont trouvé là des conditions de vie corrélatives à leur type, et par conséquent une autre patrie. Leur nombre actuel néanmoins n'est évalué qu'à 500 000 en Algérie, où l'on compterait environ, suivant M. Warnier, 2 200 000 individus de races dites berbères, dont 1 200 000 arabisants, et 1 000 000 berbérisants (1).

Quant à ceux que les Arabes nomment *Touâreg* (terme qui, selon eux-mêmes, signifie *abandonnés*), ces maîtres du plateau central du Sahara, dont les domaines s'étendent du Teboû, du Fezzân et des déserts à l'est de Ghadâmès, jusqu'au nord du Touât, et de ce pays d'oasis, à travers d'immenses solitudes, jusqu'à Timbouktou et aux deux rives du Niger, quant aux Touâreg, disons-nous, on doit penser qu'ils ont été beaucoup plus épargnés par les invasions, et qu'ils sont d'un type encore moins altéré que les habitants des zones septentrionales. Leur langue est la plus pure de tous les dialectes berbères. On constate cependant chez eux des unions étrangères. « Notre descendance la plus générale, disent-ils, est celle des Édrisides de Fez... Notre ensemble est mélangé et entrelacé comme le tissu d'une tente dans lequel entre le poil du chameau avec la laine du mouton. Il faut être habile pour établir une distinction entre le poil et la laine. Cependant nous savons que chacune de nos nombreuses tribus est sortie d'un pays différent. » D'après M. Duveyrier, qui rapporte cette tradition indigène, « la prétention à une descendance édriside qui donnerait aux principales familles des Touâreg une origine arabe..., serait presque justifiée » par les alliances matrimoniales entre les souverains de Fez et les familles des chefs touâreg que l'on ne pouvait soumettre par les armes. « Quoi qu'il en soit, ajoute plus loin le jeune et savant voyageur, les Touâreg, malgré le mélange de leur sang avec celui des Édrisiens arabes, sont restés Berbères, et, comme fraction du peuple berbère, leur origine est loin d'être incertaine (2). » En effet,

(1) Ouv. cit., p. 14, 44. — Cf. Hanoteau, ouv. cit., p. 285 et suiv.
(2) *Les Touâreg du Nord*, p. 317-19, 385; Paris, 1864.

on comprend que, quel que soit le nombre de ces unions, il ne s'agit en cela que de faits particuliers, et nullement de croisements sur une grande échelle.

Nous venons de voir que beaucoup de Kabyles, par un singulier sentiment d'orgueil, s'attribuaient cette prétendue noblesse d'origine arabe, celle du vainqueur. Croirait-on que les Touâreg, à leur tour, prétendent descendre des Turcs? C'est Daumas qui fait connaître cette opinion assurément peu générale, observant qu'elle est « accréditée sans doute par leur amour-propre, car ils affectent de mépriser les Arabes, qu'ils traitent en peuple vaincu (1). » Mais si l'on veut ne pas trop s'étonner de ces errements, on peut songer que pour certains nobles d'Espagne, il faut être fils de Goth (*hijo del Godo*, hidalgo). Ainsi combien parmi nous-mêmes, comme s'ils étaient fiers des illustres Romains, ne veulent être qu'à demi Gaulois! D'un autre côté, l'on a dit que les traditions de ces peuples les feraient descendre des hauteurs boisées de l'Atlas (2). Tout cela prouve qu'ils sont loin de s'entendre eux-mêmes, non plus que les divers auteurs, sur la question de leur origine que nous cherchons à élucider, et qui pourrait bien être encore insoluble. Toujours est-il que cet examen rétrospectif nous aura montré une fois de plus et les difficultés de l'acclimatement, et la force de résistance que présentent les vieux types de races aux prises avec le mélange pendant de longs siècles, et conservant néanmoins toute leur individualité physiologique.

Pour revenir maintenant aux Gétules et aux Libyens, nous allons voir que les deux peuples principaux que l'on est en droit de regarder comme étant de leur descendance, et qui d'ailleurs occupent, à quelques différences près, les mêmes contrées, non-seulement ne se confondent pas en un type unique dit berbère, mais que les traits qui les caractérisent sont de nature à les faire distinguer au point de vue ethnique.

III. KABYLES ET TOUAREG. — Si l'on en croit la plupart des auteurs contemporains, rien ne saurait faire admettre que les Kabyles et les Touâreg ne fussent pas des peuples ap-

(1) Ouv. cit., p. 324.
(2) Bodichon, *Etudes sur l'Algérie et l'Afrique*, p. 116; Alger, 1847.

partenant à la même race. Les points de similitude entre eux excluraient tous les doutes ; et quant aux différences, la nature des lieux et des mœurs ou les croisements suffisent à tout expliquer. Il y a cependant chez les Kabyles algériens, et sans nul doute aussi chez les Touâreg, un grand nombre de familles que l'on peut croire de sang pur ou peu mélangé ; et ce sont celles-là qu'il importerait d'étudier comparativement et longuement, avant de trancher cette question. Pour nous, sans affirmer que les uns et les autres ne sont pas de souche unique, nous disons que ce n'est point là un fait scientifiquement acquis, et que s'ils sont issus d'une même origine, ce que nous croyons, ils n'en constituent pas moins deux races distinctes.

Depuis quarante ans que nos armes occupent l'Algérie, nous ne connaissons point avec précision les populations indigènes qui l'habitent, et à plus forte raison celles du grand désert. Quand on possédera tous les éléments de cet examen comparatif, il se peut que des différences de plus en plus accentuées en ressortent d'elles-mêmes. En attendant, nous donnerons sur les Touâreg et les Kabyles quelques indications qui ne peuvent encore résulter que d'études inachevées et partielles. Les Touâreg dont nous parlons sont notamment ceux des confédérations du Nord : les *Azdjer* ou *Kêl-Azdjer* (gens d'Azdjer), et les *Ahaggâr* ou *Kêl-Ahaggâr*, qui se nomment eux-mêmes *Imôhagh* les premiers, et *Imôcharh* les seconds. Ceux du Sud sont les *Aouélimmiden*, qui se disent également *Imôcharh*, et les *Kêl-Aïr*, qui se disent *Imâjirhen*.

En thèse générale, on reconnaît aux Touâreg une très-haute taille, des formes amples et régulières, une démarche lente et grave, altière, et beaucoup de noblesse dans le maintien ; un front large et élevé, des yeux écartés, beaux, parfois enfoncés dans les orbites, l'iris noir et quelquefois bleu, le nez petit, la bouche moyenne, la barbe noire et rare, les cheveux noirs et lisses. On a remarqué que les trois chefs touâreg venus à Paris, en 1863, avaient le crâne « presque arrondi (1). » Leurs mains sont petites et bien faites. M. Duveyrier dit que leurs pieds seraient également beaux, « si le gros orteil, effet ou cause de la chaussure employée, ne faisait une

(1) Bonnafont, *Notice sur les trois chefs Touaregs*, etc., dans les *Bull. de la Soc. d'anthropol.*, 1863, t. IV, p. 106-107.

saillie désagréable à l'œil (1). » Leur teint est naturellement blanc, plus ou moins hâlé. Leurs femmes sont belles.

Pour les Kabyles, ils ont une taille moyenne, des formes trapues, musculeuses et sèches, l'allure simple et négligée ; un front étroit et peu découvert, les arcades sourcilières proéminentes ; leur type crânien est en général faiblement dolichocéphale. On a dit que leurs os du crâne sont épais, que le frontal est ordinairement rugueux à sa surface (2). Ils ont des yeux grands, bruns, quelquefois roux ou gris, le nez moyen, épaté, déprimé à sa racine, arrondi par le bout ; les pommettes saillantes, les oreilles larges, les lèvres épaisses, la barbe fournie en avant, rare en arrière ; les cheveux noirs, châtains ou roux ; le contour du visage plus arrondi qu'allongé ; la jambe bien faite, les pieds de volume moyen, mais souvent mal conformés ; le teint plus ou moins brun, parfois d'un ton relativement clair. Leurs femmes en général ne sauraient prétendre à la beauté.

Le Targui (singulier de Touâreg) est grave au moral comme au physique, tandis que le Kabyle est remarquable par sa mobilité de corps et d'esprit. Le premier est fier à l'excès, et non moins superstitieux, car il est couvert d'amulettes. Il ne vous baise jamais la main « comme les autres musulmans, dit le voyageur Lyon, pas même celle du sultan (3). » Il est essen-

(1) Ouv. cit., p. 382.

(2) Bodichon, *Considérat. sur l'Algérie*, p. 78-79 ; Paris, 1845.

Pour notre part, nous avons plusieurs fois recueilli dans les cimetières kabyles (en même temps que des humérus perforés à la fossette olécrânienne) des os du crâne très-épais et très-lourds. Et nous nous sommes demandé si ce ne serait point là un caractère ethnique. On sait que beaucoup de crânes très-anciens présentent cette particularité, de même que le crâne en général des peuples incultes et fortement constitués. Serres avait fait une observation de ce genre sur d'anciens crânes du type gall trouvés d'une épaisseur extraordinaire, sans qu'il en fût ainsi pour d'autres du type kymri (*Sur le monum. et les ossem. celt., découverts à Meudon*, etc., dans les *Compt. rend. hebd. de l'Acad. des scienc.*, ann. 1845, t. XXI, p. 618). Cela rappelle Hérodote signalant la différence entre les crânes des Perses et ceux des Égyptiens, les premiers tendres et les autres durs (lib. III, cap. XII). Mais il ne faut pas oublier cette remarque de Larrey, savoir : que les os de la tête des Arabes « sont plus minces et à la fois plus denses... que chez les autres peuples. » Et il dit que si l'on pouvait mesurer la pesanteur spécifique de ces os des vrais Arabes, « cette pesanteur serait assurément reconnue plus grande, toutes choses égales d'ailleurs, que chez les individus des autres nations... » (*Relat. méd. de camp. et voyages*, p. 281, 283 ; Paris, 1841.) Il y a là tout un champ de recherches à faire, et dont la science profiterait.

(3) *Voy. dans l'intér. de l'Afrique septentr.*, en 1818-1820, dans la *Collect. des voy. mod. trad. de l'angl.*, t. XIX, p. 115 ; Paris, 1822.

tiellement nomade et pasteur de ses maigres troupeaux, apte aux voyages, infatigable sur son rapide chameau (mahari); tandis que le second, excellent agriculteur, est fortement et instinctivement lié au sol, et se construit en maçonnerie des demeures stables. Les Touâreg ne connaissent aucune industrie, et n'ont d'autres professions que de trafiquer, de guider les caravanes, surtout de les piller, si l'on en croit les témoignages recueillis par Daumas, mais auxquels on oppose des témoignages contraires (1). « C'est par eux, suivant M. Carette, que le Nord de l'Afrique est approvisionné d'esclaves (2). » Les Kabyles sont aussi colporteurs et commerçants par caractère et par nécessité, mais ils sont tout particulièrement artisans et industriels; ils ont un goût inné pour le travail des métaux comme pour celui de la terre. Ils greffent les arbres fruitiers, fabriquent leurs étoffes, leurs instruments aratoires, leurs armes, leurs munitions de guerre; ils ont des moulins, des pressoirs, des forges, des usines.

Les Touâreg passent pour être rusés, patients, mais sans autre loi que leur intérêt; le Kabyle est un type d'honneur et de loyauté, un hôte sûr, un allié d'une fidélité peu commune. Chez ceux-là, l'homme demeure monogame, et se marie rarement avant trente ans, la femme avant vingt ans, et celle-ci dispose de sa main. Les Kabyles se marient parfois dès l'âge de quatorze à quinze ans avec des filles de dix ans, qui sont vendues par leurs parents; la polygamie n'est point exclue de leurs mœurs. Aussi les femmes sont-elles beaucoup plus considérées chez les premiers que chez les seconds. La femme targuie sait presque toujours lire, écrire, et paraît même plus instruite que l'homme, dont elle est au moins l'égale (3). Nous voyons aussi que la culture de l'esprit, les notions sur les sciences, sont en général moins négligées chez les Touâreg que chez les Kabyles.

Chose singulière, alors que les Kabyles sont méprisés par les Arabes, qui ne daignent pas apprendre leur langue, et qui les traitent véritablement en peuple conquis, les Touâreg,

(1) Ouv. cit., p. 327-30, cf. p. 5. — Hanoteau, ouv. cit., préf., p. xxii-xxiii. — Duveyrier, ouv. cit., p. 383-85, 453.

(2) *Rech. sur la géograph. et le comm. de l'Algérie mérid.*, liv. 1, p. 107, dans l'*Explor. scientif. de l'Algérie*; Paris, 1844.

(3) Duveyrier, ouv. cit., p. 339, 388, 420 et suiv. — Hanoteau, ouv. cit., préf., p. xix.

au contraire, méprisent les Arabes, « dont ils se disent les seigneurs (1). » D'ailleurs, la forme du gouvernement, sorte de monarchie féodale et héréditaire, dans laquelle le pouvoir se transmet ordinairement par les femmes, au fils aîné de la sœur aînée du chef (2), est très-aristocratique chez les Touâreg, tandis que l'organisation sociale est égalitaire et toute républicaine chez les Kabyles. Là les tribus se divisent en tribus nobles ou *ihaggaren* et tribus vassales, connues sous le nom d'*imr'ad* (pluriel d'*amr'id*) (3) ; ici l'esclavage n'existe pas.

Puis, sans parler du vêtement comparé, des armes, de la manière de combattre, chez les uns et chez les autres ; sans parler d'autres traits de mœurs, comme la pratique de l'inoculation, inconnue ou peu usitée dans le Sahara, et si répandue de temps immémorial en tout pays kabyle (4), si nous ajoutons que le Targui porte de grandes moustaches à la manière turque, laisse croître une touffe de cheveux du front à la nuque, qu'il porte un anneau de pierre au bras, un poignard d'avant-bras, un grand anneau d'oreille, dans sa jeunesse ; qu'il fume, prise ou chique beaucoup (5), usages que nous ne voyons pas régner de même chez les Kabyles, nous aurons constaté qu'il existe à tous ces égards entre les deux groupes ethniques des différences réellement considérables.

Enfin l'on sait que les Touâreg sont aussi les porteurs du *lithâm* (*El-Molâthemin*, les voilés), nom que leur ont donné les Arabes. D'après Ibn-Khaldoun, ils proviennent des tribus de « Guedala, de Lemtouna, de Messoufa, de Outzila, de Targa (d'où Touâreg), de Zegaoua et de Lamta. » « Ces peuples, ajoute-t-il, sont les frères des Sanhadja (6). » Et c'est ainsi qu'au temps de Jean Léon, suivi par Marmol, et qui rapporte ce qu'il a vu, les Africains du désert de Libye ou Sahara, « par les Latins appelés

(1) Daumas, ouv. cit., p. 328, cf. p. 324. — Cf. Hanoteau, ouv. cit., préf., p. xxii.

(2) Duveyrier, ouv. cit., p. 383-97. — Cf. Barth, *Voy. et Découv. dans l'Afr. septentr. et centrale*, 1849-55, trad. fr. par P. Ithier, t. I, p. 205 ; Paris, 1860-1861. — Notre *Essai sur les croisem. ethniques*, dans les *Mém. de la Société d'anthrop.*, t. II, p. 287 et suiv.

(3) Hanoteau, ouv. cit., préf., p. xiv-xv. — Cf. Duveyrier, ouv. cit., p. 329, 334 et suiv. — Barth, ouv. cit., t. I, p. 137-38.

(4) Duveyrier, ouv. cit., p. 434-35. — Cf. Bonnafont, ouv. cit., ub. sup., t. IV, p. 111. — Guyon, *Voy. d'Alger aux Ziban*, p. 243-44 ; Alger, 1852.

(5) Duveyrier, ouv. cit., p. 392-93, 432, 412-13.

(6) Ouv. cit., t. II, p. 64-65 et note, cf. t. I, p. 212, 116, note.

Numidi », étaient les cinq peuples : « Zénaga, Guenziga, Terga, Lemta et Berdeva. » Léon dit qu'ils n'ont d'autre monture que des chameaux ; qu' « ils portent en tête un linge noir avec partie duquel ils se couvrent le visage, cachant toutes les parties d'icelui, hormis les yeux, et vont ainsi accoutrés journellement ; » puis, que « leurs femmes sont fort charnues, mais aucunement brunes, ayant les parties de derrière fort pleines et moufflettes, » ainsi que les mamelles (1). Voilà bien nos Touâreg.

Mais cette coutume du voile, qu'ils ne quittent jamais, ni pour manger ni pour dormir, caractérise-t-elle exclusivement les Touâreg? M. Duveyrier dit que si, par imitation, les chefs arabes et autres des contrées voisines, les gens d'In-Sâlah, de Ghadâmès, de Rhât, les Arabes nomades du Touât et les Teboû, ont aussi « la figure voilée ou couverte, les Touâreg sont réellement les seuls chez qui l'usage du voile est général et passé dans les mœurs (2). » Toutefois cet usage n'existait pas seulement, bien des siècles avant l'islamisme, chez les ancêtres de ces mêmes peuples (les Sanhadja, selon Ibn-Khaldoun) et dans ces mêmes contrées, mais encore en Arabie. Caussin de Perceval parle d'Arabes anciens qui cachaient leur figure sous le *lithâm*, « mouchoir dont les Bédouins se couvrent la tête, et dont ils ramènent un bout sur le bas de leur visage, de manière à ne laisser paraître que leurs yeux. » Et il raconte que Mahomet allant à la Mekke, et ayant été arrêté par les Mekkois, on lui dépêcha Orwa, qui « trouva le prophète entouré de ses principaux disciples, dont la plupart avaient la figure cachée sous le *lithâm* (3). »

Tous ces peuples appelés berbères sont unis, dit-on, par les liens d'un langage commun, les dialectes de la langue berbère : voilà le grand mot, et, si nous ne nous trompons, l'argument souverain. Nous avons vu (*sup.*, p. 19) ce que disent Léon et Marmol de la langue des indigènes. D'un autre côté, Venture, qui composait son livre en 1788, disait encore que la langue berbère est parlée depuis les montagnes de Sous, près de l'Océan, jusque dans le royaume de Tunis, et que « cette langue, à quelque petite différence près, est aussi celle que l'on parle

(1) Léon, ouv. cit., t. I, p. 48-49, 52-53, cf. p. 4, 9, t. II, p. 135 et suiv. — Marm., ouv. cit., t. I, p. 73-74, t. III, p. 43 et suiv.

(2) Ouv. cit., p. 391.

(3) Ouv. cit., t. III, p. 179, t. II, p. 354.

dans l'île de Girbéh, à Monâstyr et dans la plupart des bourgades répandues dans le Ssahhrâ, entr'autres dans celles de la tribu des Bény mozâb (1). » Néanmoins les dialectes de la langue commune sont loin de se ressembler tous. Et d'ailleurs on sait assez que l'unité même du langage ne prouverait nullement l'unité de filiation ethnique. C'est ainsi que nous avons vu des Berbères adopter l'arabe, et que des Arabes ont adopté le berbère, au point de méconnaître leur propre origine. Puis, tous les vestiges des peuples qui sont venus s'abattre à diverses époques sur le Maghreb, n'ont-ils pas oublié leur langue primitive, pour parler aujourd'hui l'un ou l'autre de ces deux idiomes?

Les principaux dialectes dits berbères sont le kabyle, le temâhaq et le tamachek' (targuïa du Nord et du Sud), le chaouïa, le zenatïa, le mezâbïa, le chlouah ou schelha et le tamâzigh ou tamâzirgh (au Maroc), tous plus ou moins pénétrés de termes arabes. Tel est notamment le kabyle algérien, tombé presque à l'état de patois (2). C'est d'ailleurs un caractère propre à la langue arabe de s'imposer dans le contact avec les autres idiomes, et de les déposséder. Au contraire, ainsi que le fait remarquer M. Hanoteau, le tamachek' est le seul de tous les dialectes berbères « qui soit resté à peu près pur de mélange avec l'arabe (3). » Cette observation est fort importante.

Nous ne saurions entrer dans la discussion des titres à l'identité de famille, que présentent entre eux ces dialectes. C'est une tâche réservée aux linguistes, et qui nous paraît bien difficile; car là où les uns ne voient que des analogies, les autres ne voient que des différences. Et, par exemple, Jackson, qui séjourna seize ans dans le Maroc, et qui vit de près les Chlouah (Schellouh) et les Berâber, dit, après avoir conversé avec des centaines d'entre eux, que leurs deux langages (*Shelluh and Berebber*) sont si différents, *so totally dissimilar*, qu'il n'est pas un mot du premier vocabulaire qui ressemble

(1) *Gramm. et Diction. abr. de la langue berbère*, rev. par Am. Jaubert, préf., p. XVII; in-4°, Paris, 1844; — Id., *Notice sur la langue berbère*, dans le *Voy. de Hornemann dans l'Afriq. septentrion.*, trad. fr. annot. par Langlès, part. II, p. 415; Paris, an XI. — Cf. Marsden, *Observat. sur la langue de Syouah*, ibid., p. 405 et suiv.

(2) Maury, *la Terre et l'Homme*, p. 473, 480; Paris, 1857.

(3) Ouv. cit., préf., p. XXVII., cf. p. XXI.

au mot qui lui correspond dans le second (1). Le consul Gråberg di Hemsö dit de même que ces deux peuples ne peuvent s'entendre sans interprète, *senza l'ajuto d'un interpetre* (2). D'autres auteurs néanmoins ne sont pas de cet avis. Mais si l'on est loin d'être d'accord, c'est qu'il reste beaucoup d'études à faire sur ces idiomes comparés.

Enfin il importe de se souvenir que les caractères de l'écriture berbère (*tifinar'* ou *teflnagh*) ont été conservés dans la langue des Touâreg, et qu'ils ressemblent beaucoup à ceux des inscriptions libyques (3). Car on sait que cette écriture, si heureusement retrouvée dans le Sahara, a disparu dans le Tell, au point qu'il n'en reste rien. Battue en brèche par les dominations romaine et vandale, elle a été emportée et complétement anéantie par le fanatisme sauvage des conquérants arabes, étouffant ainsi toute trace des connaissances anciennes chez les Kabyles. « Il ne faut donc point s'émerveiller, disait déjà Léon, si les lettres d'Afrique sont perdues, ni pour quelle occasion, depuis neuf cents ans en çà, les Africains usent de lettres arabesques (4). » Les traductions berbères que l'on avait faites du Koran, même écrites avec l'alphabet arabe, ont été détruites comme impies. Et c'est ainsi que tout ce qui s'écrit chez les Kabyles est en langue arabe, la seule qui soit en usage dans les *zâouïa* (maisons d'école), la seule dans laquelle il soit permis de prier. Le système de numération n'est pas non plus représenté de la même manière chez les Touâreg et chez les Kabyles du Tell, ces derniers ayant adopté presque entièrement pour les neuf unités les dénominations arabes, tandis que les premiers ne leur empruntent que les nombres de six à neuf. Le système numérique est d'ailleurs purement quinaire chez les Rouâgha, les Souâfa (de l'Ouâd-Soûf) et les Châanba, de même que chez les Beni-Mezâb; ce qui porte M. Reinaud à penser que tel était le système primitif de numération des indigènes (5).

(1) *An Account of the Empire of Marocco*, p. 222-23; in-4°, London, 1814.

(2) Ouv. cit., p. 77.

(3) Hanoteau, ouv. cit., préf., p. XXVII. — Duveyrier, ouv. cit., p. 386 et suiv.

(4) Ouv. cit., t. I, p. 75. — Cf. Venture, *Gramm.*, etc., cit., préf., p. XIX.

(5) *Notices sur les Dictionn. géograph. arabes et sur le syst. prim. de la numérat.*, etc., p. 45 et suiv.; broch., Paris, 1861. — Cf. Pruner-Bey, *Sur les syst. primitifs*, etc., dans les *Bull. de la Soc. d'anthropol.*, 1861, t. II, p. 457 et suiv.

Nous avons donné quelques raisons qui tendent singulièrement, selon nous, à faire établir une distinction de race entre les Kabyles et les Touâreg. Revenons maintenant sur les populations aux cheveux blonds et au teint blanc que l'on a de toute antiquité signalées dans les mêmes lieux, et auxquelles on n'avait pas fait une assez large part.

IV. Races blondes anciennes. — La grande inscription de Karnak nous a fait connaître qu'une partie au moins des peuples libyens était de race blonde. Ce témoignage est sans appel, et il remonte aussi haut que possible dans le passé. Il n'est pas dit dans la version d'Isidore de Séville que les Gètes ou Gétules fussent blonds, mais dans le sens de cette version cela n'est pas douteux. Quant au *Périple* de Scylax, on a vu qu'il appelle *Libyens* les hommes beaux et blonds qui peuplaient les côtes voisines de la Petite-Syrte. Quels étaient ces Libyens? Tout près de là se trouvait l'île *Meninx*, nommée aujourd'hui *Djerba* (Gerbeh), où croissait le lotos, et que Strabon, après Ératosthène, considère comme la terre des *Lotophages*, mentionnée par Homère, et dont les fruits merveilleux faisaient oublier aux compagnons d'Ulysse le retour dans la patrie (1). Au douzième siècle, Édrisi disait de cette île qu'elle « est peuplée de Berbers, généralement bruns de couleur, enclins au mal, et qui ne parlent aucune autre langue que le berber; » puis, en son temps, Marmol nous apprend que ces Berbères parlaient « un Arabe corrompu (2). » Mais ce qui est remarquable, c'est que, de nos jours, ce langage berbère est « spécialement le dialecte *schellouhh*, ainsi nommé à Gerbeh, au rapport de M. Delaporte et de M. Flachenacker, aussi bien que dans les montagnes de Marok (3); » et c'est ensuite que les populations qui portent ce nom dans le Maroc, et qui parlent ce dialecte, sont en partie blondes, comme nous le verrons.

Il est connu d'ailleurs que les anciens habitants des îles Fortunées, les vaillants Guanches, appartenaient à deux races

(1) Strab., lib. XVII, cap. III, § 17; édit. fr., t. V, p. 478. — Hom., *Odyss.*, lib. IX, v. 91 et seq. — Cf. Hérodote, lib. IV, cap. CLXXVII. — Pline, lib. V, cap. VII.
(2) Édr., ouv. cit., t. I, p. 281. — Marm., ouv. cit., t. II, p. 540.
(3) D'Avezac, *Iles de l'Afrique*, part. I, dans *l'Univers*, p. 35; Paris, 1848. — Cf. Malte-Brun, *Précis de géograph. univ.*, t. V, p. 541; in-4°, Paris, 1840-1842.

ou deux types distincts, par la stature, la forme de la tête, par les mœurs, et notamment par la couleur de la chevelure, les uns étant bruns et les autres roux ou blonds. On sait que ces anciens Guanches, qui revivent en partie dans les Canariens actuels, et dont il reste encore, selon Golberry, « un petit nombre de familles pauvres et presque ignorées » dans le pays (1), parlaient des dialectes berbères, et qu'ils ne sont point séparés ethniquement des peuples continentaux, habitants de l'Atlas (2). Déjà l'un des plus anciens récits que l'on connaisse sur ces îles, celui des Maghrourin, partis de Lisbonne, avant le douzième siècle, constate que dans l'une d'elles, qui doit être celle de Lancerote, les aventureux navigateurs « virent des hommes de haute stature, de couleur rousse et basanée, portant des cheveux longs (littéral. non crépus); et des femmes qui étaient d'une rare beauté (3). » D'autre part, au milieu du quatorzième siècle, lors de l'expédition envoyée dans ces parages sous Alphonse IV, de Portugal, le narrateur dit des indigènes : *Et crines habent longos et flavos usquè ad umbilicum ferè, et cum his teguntur*. Les chroniqueurs qui viennent ensuite et les historiens contemporains de la conquête, analysés par Berthelot, font des observations semblables (4). De là passons au désert.

Voici dans quels termes Procope rapporte le témoignage du chef indigène Orthaïas dont nous avons déjà parlé : « Ce prince m'a asseuré plusieurs fois qu'au delà des terres qui luy appartenoient (à l'ouest de l'Aurasius), il y avoit de vastes solitudes, au bout desquelles il y avoit des peuples qui n'estoient pas noirs comme les Maures, » — ὥσπερ οἱ Μαυρούσιοι μελανόχροοι, « mais qui avoient le teint blanc et les cheveux blonds, » — ἀλλα λευκοί τε λίαν τὰ σώματα καὶ τὰς κόρας ξανθοί (5). Étaient-ce là des descendants des Gétules? Était-ce la postérité des Leuco-Éthiopiens de Pline et de Ptolémée, ainsi que paraît le croire M. Broca (6)?

(1) *Voy.* (en 1785-87), dans la collect. Walckenaer, *Hist. génér. des voy.*, t. V, p. 320 ; Paris, 1826.

(2) Berthelot, *Mém. sur les Guanches*, dans les *Mém. de la Soc. ethnolog.*, t. II, part. I, p. 97 et suiv., 111 et suiv. ; Paris, 1841-1845.

(3) Édrisi, ouv. cit., t. II, p. 26-27.

(4) Ouv. cit., *ub. sup.*, t. II, part. I, p. 121-23, t. I, part. I, p. 131-32, 172 *et pass.* — Cf. d'Avezac, ouv. cit., part. II, *ub. sup.*, p. 18-19, 138.

(5) Op. cit., lib. II, cap. XIII ; trad. fr. cit., p. 320.

(6) Dans les *Bull. de la Soc. d'anthropol.*, 1860, t. I, p. 162-64.

Mais, alors que Pline les place au loin, par delà les Gétules, Ptolémée indique leur position beaucoup plus loin encore, au pied du mont Ryssadius, près de l'Océan, nous l'avons dit (*sup.*, p. 22-23). Aussi a-t-on considéré ces derniers Leuco-Éthiopiens comme étant « clairement » les ancêtres des Foulah (1). Ne se peut-il d'ailleurs que les Éthiopiens blancs et les Gétules noirs n'aient été en divers lieux que des populations plus ou moins mêlées, comme cela se voit encore pour certains Touâreg? Quoi qu'il en soit, ces nomades blancs et blonds dont parle Procope, antérieurs aux Vandales, et probablement très-anciens occupants, erraient dans des déserts comme nos Touâreg, auxquels ils ressemblaient au moins par la couleur du tégument; et l'on pourrait croire que ceux-ci sont de leur descendance. Desmoulins avait émis ce doute; et pour lui les Touâreg n'étaient pas seulement blancs, ils avaient les cheveux blonds (2). Mais il est vrai que l'on ne signale plus guère cette couleur des cheveux chez les Touâreg actuels, tandis qu'elle est assez fréquente chez les Kabyles.

V. Touareg blancs et Kabyles blonds. — Hornemann, à la fin du dernier siècle, appelle les Touâreg « la nation la plus intéressante de l'Afrique. » Il observe que, divisés en plusieurs tribus, parlant la même langue, « leur couleur et leur manière de vivre semblent prouver que leur origine est très-différente. » Il décrit ceux de la nation des « Kollouvy » (Kêl-Ouî), selon lui, de la tribu des « Hhagarâ, » et il dit que « les tribus occidentales sont blanches, autant que le permettent le climat et leur manière de vivre. » Il ajoute : « Les kollouvyens qui atteignirent la région d'Asben, firent la conquête d'Aghadès et se mêlèrent avec d'autres nations. Ils sont de différentes couleurs,... » les uns noirs, sans ressembler aux Nègres, d'autres jaunâtres, comme les Arabes. « Les touâryks ne sont pas tous mahométans. Dans le voisinage du Soûdân et du Tomboctoù, habitent les tagama, qui sont blancs et idolâtres. » Plus loin, il dit : « Plusieurs des touâryks, voisins de Tom-

(1) Rennell, *Observ. sur la géograph. de l'Afrique*, dans Mungo Park, *Voy. dans l'intér. de l'Afrique*, trad. fr., t. II, p. 349-50; Paris, an VIII.

(2) *Hist. nat. des races humaines*, p. 172; Paris, 1826.

boctou, sont blancs. Une autre de leurs tribus, établie près du Bornoù, est de la même couleur, ainsi que les arabes de la côte septentrionale de l'Afrique (1). »

Pour l'Anglais Lyon, les Touâreg sont la plus belle race d'hommes qu'il ait jamais vue. « Ils sont blancs, dit-il, car ce n'est qu'à la chaleur du climat qu'ils habitent, qu'ils doivent un teint fortement basané, et les parties de leur corps qui sont constamment couvertes sont aussi blanches que la peau de bien des Européens (2). » D'après Daumas, les Touâreg « sont grands, forts, minces et de couleur blanche, même ceux qui campent sous Timbek'tou. » Il ajoute que leurs femmes « sont très-belles et très-blanches : *blanches comme une chrétienne,* » et que « quelques-unes ont les yeux bleus, » ce qui est fort admiré (3). M. Bonnafont se borne à dire qu'ils sont « de sang blanc, » et qu'ils « se gardent soigneusement de toute alliance avec la race nègre, qu'ils méprisent souverainement (4). » Il est incontestable néanmoins, d'après ce que l'on en sait avec certitude, que si les Touâreg du Nord sont relativement blancs, leur teint est plus ou moins foncé dans le Sud, par suite de fréquents croisements avec les Négresses. « Blanche est leur peau dans l'enfance, dit M. Duveyrier ; mais le soleil ne tarde pas à lui donner la teinte bronzée spéciale aux habitants des tropiques. Chez les serfs, une teinte plus foncée de la peau est souvent due au mélange du sang noir avec le sang blanc... Quelques-uns ont des yeux bleus, mais cette nuance se rencontre peu fréquemment (5). » Il paraît en effet que les tribus nobles ou libres doivent être distinguées, sous ce rapport, des tribus soumises ou serves, ainsi que le fait remarquer Barth, dont les études portent principalement sur les Touâreg du Sud. Il dit que « les *Imoscharh* (au singulier *Amoscharh*) ont le teint assez clair ; » et ailleurs, que d'autres Touâreg ont « la physionomie expressive et le teint blanc (6). » On voit assez

(1) Ouv. cit., part. I, p. 171, 150-52, 154, 170.

(2) Ouv. cit., *ub. sup.*, p. 112-13.

(3) Ouv. cit., p. 324, 326-27. — Cf. Id., *la Grande Kabylie*, p. 20; Paris, 1847. — Daumas et Ausone de Chancel, *Le Grand Désert*, p. 126, 134, 139-40 Paris, 1861.

(4) Ouv. cit., *ub. sup.*, t. IV, p. 115.

(5) Ouv. cit., p. 382.

(6) Ouv. cit., t. I, p. 136-37, t. III, p. 305 *et pass.*

par tout cela combien est peu fondée l'opinion de ceux qui, demeurant fidèles à la vieille théorie des climats, comme par exemple MM. Rameau et Pruner-Bey, n'hésitent pas à soutenir que les Touâreg « sont en général beaucoup plus foncés en couleur que ne le sont les Kabyles (1). » Quelles que soient les ardeurs de leur soleil, il reste acquis, ce nous semble, qu'ils naissent plus blancs de peau que ces derniers.

Quant aux Kabyles ou Berbères blonds, ou plutôt roux, on les rencontre notamment au Maroc « dans certaines hordes de Schellouhs ou Berbers occidentaux, et chez la plupart des habitants des montagnes d'Er-Rif (les *Riffins*), » comme le dit Berthelot. Et il rapporte, ainsi que M. d'Avezac, et à peu près dans les mêmes termes, que « c'est peut-être chez les Schellouhs ou chez quelques Touâreks qu'on doit trouver dans sa plus grande pureté, parmi les populations actuelles, la primitive race des Mazygh. » Berthelot pensait aussi que de cette race « sortirent probablement les anciens Gétules (2). » Mais, d'après les remarques qui suivent, sur les caractères physiologiques de ces peuples, il nous paraît que ce seraient les Schellouh ou Chlouah qui devraient être plutôt rattachés aux Kabyles, et les Amâzigh Berâber aux Touâreg, aux Maziques, aux Gétules et Mélano-Gétules.

Jackson observe que les Chlouah sont un peuple tout autre que les Berâber, moins fort et moins athlétique. Et, comparant ensuite la langue et les mœurs des anciens Guanches avec celles des Chlouah actuels, il cherche à prouver que ces indigènes, et non les Berâber, sont la souche des Guanches (3). Mais Berthelot est porté à croire, contrairement, que « les Berbers de race blonde furent la souche originaire de ces Guanches au teint blanc et aux cheveux roux, si répandus dans la partie occidentale de l'archipel canarien avant la conquête de ces îles (4). » Or nous avons vu qu'il existait dans la population des Canaries deux types différents, vraisemblablement les deux types radicaux de la souche atlantique; et, de savoir lequel

(1) Dans les *Bull. de la Soc. d'anthropol.*, 1863, t. IV, p. 120-21, cf. p. 372-73. *et pass.*

(2) Berthel., ouv. cit., *ub. sup.*, t. II, part. 1, p. 94, 120. — D'Avez., dans l'*Encycloped. nouv.*, art. Berbers, p. 607; Paris, 1836.

(3) Op. cit., p. 141-42, 230-32.

(4) Ouv. cit., *ub. sup.*, t. II, part. 1, p. 141.

fut ou ne fut pas ce type originaire ou la souche des Guanches, nul ne saurait le dire. Il y a plutôt lieu de penser qu'ils furent dès le principe coexistants et inséparables.

Il est bon de remarquer ici que le chef romain Suétonius Paulinus, lors de son expédition à travers l'Atlas, dans ces mêmes contrées, rapporte, suivant Pline, que près de là se trouvaient des peuples appelés Canariens, *Canarii*, parce qu'ils mangeaint du chien. Voici le texte : *Quippe victum ejus animalis promiscuum his esse, et dividua ferarum viscera.* Pline dit aussi que les îles Canaries sont ainsi nommées à cause de leurs grands chiens, *a multitudine canum ingentis magnitudinis* (1). Ce rapprochement de noms est curieux, en ce qu'il semble indiquer que toutes les populations canariennes peuvent bien avoir été de même origine. Et ce qui ne l'est pas moins, c'est que l'usage de manger des chiens est encore assez général à Tougourt et dans les oasis du Zab ou des Zibân ; tandis que le même usage n'existe nullement chez les Touâreg (2). La population sédentaire de ces oasis se compose de Kabyles, et leurs ancêtres ou leurs prédécesseurs dans les mêmes lieux étaient sans doute des Gétules ; seulement, ces Gétules, qui furent tour à tour appelés *Numides* et *Mauritaniens*, n'habitaient qu'une très-faible portion des immenses régions qui constituaient la grande Gétulie des anciens auteurs. On sait, du reste, que les îles Canaries paraissent se rattacher au système de l'Atlas, dont elles seraient des prolongements, et qu'elles n'auraient pas toujours été séparées du continent africain.

Gråberg di Hemsö décrit avec soin les Berâber (qui s'appellent eux-mêmes *Amâzirgh* ou Amâzigh) et les Schellouh ou Chlouah, les uns et les autres étant aussi, selon lui, *senz'alcun dubbio*, fort différents. En effet, les premiers sont de stature moyenne et de formes belles, athlétiques, nerveux, robustes. La rareté de leur barbe les distingue de tous les autres Amâzigh, et particulièrement des Chlouah. Ils sont vifs et spirituels. Leur teint est blanchâtre, *carnagione subalbida*, et leurs cheveux assez souvent blonds, *non di rado biondi*, en sorte qu'on les prendrait quelquefois pour des habitants de l'Europe boréale, plutôt que pour des Africains, *per paesani dell'Europa*

(1) Pline, lib. V, cap. I, lib. VI, cap. XXXVII.

(2) Guyon, *Voy.*, etc., cit., p. 242, cf. p. 255. — Duveyrier, ouv. cit., p. 401.

boreale, piuttosto che per abitanti dell' Affrica. Les Chlouah, au contraire, surtout au midi de la ville de Maroc, ceux qui vivent dans des cavernes ou des maisons d'argile, diffèrent essentiellement des Berâber, non-seulement par le langage, comme nous l'avons dit plus haut, mais parce qu'ils sont moins robustes, de couleur plus brune, *più fosca,* et parce qu'ils ont une disposition naturelle pour les arts et les métiers, de beaucoup supérieure à celle des Berâber. A ces traits différentiels comparés ne croirait-on pas reconnaître des Touâreg et des Kabyles? L'auteur identifie les Schellouh avec les Massyliens et les Massaisyles de l'ancienne Mauritanie Tingitane. Et il dit que les Amâzigh et les Schellouh, qui vivent les uns près des autres, n'ont aucun commerce ensemble, et qu'il n'y a pas un seul exemple d'unions entre eux par mariage. Il fait remarquer, d'ailleurs, que les Amâzigh, improprement appelés Berâber, descendent des plus anciens habitants de toute l'Afrique septentrionale, connus sous les noms de Gétules et Mélano-Gétules, de Màzigh, *Mazisci* ou *Mázyces*, et qui furent les ancêtres de tous ces peuples et de ceux de Sahara (1).

C'est ici le lieu de rappeler ce que dit Pline, savoir : que la Tingitane, à la suite des guerres et après l'extinction presque totale des Maures ou Maurusiens, ses principaux habitants, n'était plus occupée que par les Gétules de différentes tribus (2). Nous avons déjà vu (*sup.*, p. 15-16) que, suivant Grâberg, les Chlouah aussi prétendent être les descendants directs des aborigènes du Maghreb ; mais les Amâzigh et les Chlouah n'auraient-ils pas raison les uns et les autres? Ce qui paraît hors de doute, c'est qu'ils constituent deux peuples distincts au physique, au moral, par le langage, et qu'ils ne se croisent pas entre eux.

Notons, avant de quitter le Maroc, où l'on signale beaucoup de blonds parmi les indigènes, que les Visigoths d'Espagne possédaient la Mauritanie Tingitane, et qu'il ne serait pas impossible qu'ils y eussent laissé des restes qui se seraient ajoutés aux populations blondes anciennes. De même, les Normands avaient devancé les Espagnols dans la conquête des îles Canaries ; et peut-être y trouverait-on encore quelques traces de leur type blond.

(1) Ouv. cit., p. 69-77, cf. p. 295-97.

(2) Lib. V, cap. II.

Pour la Kabylie et tous les lieux occupés par les Kabyles, nous savons que les individus au teint blanc assez clair et aux cheveux blonds ou roux s'y rencontrent fréquemment. Déjà, vers la fin du dernier siècle, l'auteur d'un mémoire sur Kollo s'exprimait ainsi : « Les Collins sont en général blonds, grands, robustes (1). » M. Bibesco dit même que, dans le Djerdjera, les Kabyles sont blonds « aussi souvent » que bruns (2). Mais à cet égard nous manquons d'observations précises et recueillies sur divers points. Un renseignement plus récent nous apprend que, dans le Rif et dans l'intérieur du Maroc, chez les Amâzigh et chez les Chlouah, les blonds sont approximativement dans la proportion de 1 sur 10 habitants (3). Le type blond est également juxtaposé au type brun au milieu des Kabyles du Sahara algérien. On s'accorde à reconnaître que, chez les Beni-Mezâb, ce type n'est pas du tout rare ; et Daumas, entre autres, constate qu'ils « sont très-blancs, » que beaucoup d'entre eux « ont les yeux bleus et les cheveux blonds (4). »

Voilà beaucoup de blonds africains. Et néanmoins, en présence de tous ces faits, si l'on réfléchit à la proportion relativement peu élevée de ces blonds actuels, comparativement à ce qu'elle devrait être d'après les témoignages anciens, qui nous montrent chez les vieux Libyens des populations considérables de race blonde, on se prend à douter que tous ces types blonds se soient perpétués sans s'altérer, sans se modifier très-notablement; et l'on se demande si les types blonds n'auraient pas une fixité moindre que les types bruns, et si, dans le croisement, les races blondes ne seraient pas dominées, et peut-être avec le temps plus ou moins absorbées par les races brunes. Nous avons des raisons de penser qu'il en est ainsi, tout au moins pour certains climats, même dans le croisement entre races indigènes ou naturalisées dans les lieux qu'elles habitent. Mais c'est une question dont les développements ne sauraient trouver ici leur place.

(1) Dans Poiret, *Voy. en Barbarie*, lett. XIX, dans la *Collect. de voy. faits aut. du monde*, etc., t. V, p. 125 ; Paris, s. d.

(2) *Les Kabyles du Djurjura*, dans la *Revue des deux mondes*, ann. 1865, t. LVI, p. 568.

(3) Faidherbe, *Sur les tombeaux mégalith.*, etc., cit., *ub. sup.*, sér. II, t. IV, p. 536-37.

(4) *Le Sahara algérien*, cit., p. 82.

Toujours est-il, comme nous l'avons dit en commençant, que l'ancien nom des Maziques, Μάξυες, etc., *Mazices*, etc., n'est autre que celui d'Amâzigh (pluriel, Imâzighen), qui signifierait *libre*, et qui correspond à ceux d'Imôcharh, d'Imôhagh et d'Imajirhen, dont la racine signifie également : il est *libre*, il est *indépendant*, etc. (1). Ce nom générique, tous les peuples appelés Berbères se le donnent ou l'acceptent, comme nous les nommons Atlantes, et tout en portant des noms particuliers, qu'il serait également nécessaire de leur conserver. Enfin cette dénomination commune ne serait-elle pas plus spécialement applicable à la race de ces habitants du désert, ainsi qu'aux Amâzigh marocains, qui représenteraient en général les Gétules et les Maziques, tandis que les populations kabyles proprement dites et aussi les Chlouah représenteraient plutôt la race des Libyens? C'est ce qui tend à ressortir de cette étude et de nos recherches. On jugera.

VI. Chaouia et blonds de l'Aurès. — C'est particulièrement dans la zone centrale de la province de Constantine qu'il faut aller chercher les Chaouïa, tribus dont parle déjà Marmol, sous le nom de *Chaviens*. Marmol nomme aussi des Chaviens « dans les campagnes de Témécen, » et qui proviendraient des « Zénetes (2). » Peyssonnel fait mention de ces mêmes tribus, réfugiées dans les montagnes de l'Aurès, qu'il visitait en 1725. Et voici comment il les caractérise : Ces peuples « ont le sang blanc, de grands cheveux et sont bien faits; ils parlent une langue particulière, que les Arabes, les Turcs ni les chrétiens ne peuvent entendre s'ils ne l'ont apprise : on l'appelle la langue chauvia. » Leurs mœurs sont aussi très-différentes de celles des populations qui les entourent. Il dit qu'on les nomme Ouled-bel-Cassem et qu'ils ont d'autres noms. Dureau de la Malle pensait que ces Ouled-bel-Cassem n'étaient autres que les Kabyles blonds de l'Aurès, signalés par Shaw comme pouvant descendre des Vandales, et visités près d'un demi-siècle plus tard par Bruce, qui donne à leur tribu le nom de *Néardie;* et d'après Ritter aussi (qui cite Pananti), ces mêmes

(1) Duveyrier, ouv. cit., p. 318, 327. — Cf. Barth, ouv. cit., t. I, p. 155 et suiv. et pass.

(2) Ouv. cit., t. I, p. 81, 89, cf. t. II, p. 150

Kabyles blonds « s'appellent *Showiah* dans les montagnes d'Alger. » Toutefois Peyssonnel a soin de dire que ces peuples sont les descendants des « Chauvies dont parle Marmol (1). » Et ce serait, selon nous, par erreur que l'on a souvent assimilé les Chaouïa aux blonds de l'Aurès. C'est là, en effet, une population indigène spéciale, assurément composée d'éléments différents, dans laquelle on rencontre souvent des yeux bleus, des cheveux blonds, roux ou rouges, et qui doit être distinguée des tribus blondes disséminées dans l'Aurès, auxquelles on attribue une origine vandale.

Certaine tradition ayant cours parmi les Chaouïa leur donne pour ancêtres les cinq tribus himyerites, qui auraient passé de l'Arabie-Heureuse en Afrique; et tous ceux de la province de Constantine se croient issus des Zenata. M. de Slane dit même que, dans cette province, en parlant d'eux, « on emploie le mot arabe *chaouïa* (*bergers*), ou bien le mot *Zenatïa* (*Zenatiens* (2). » Mais ce que cette tradition nous apprend surtout, c'est que leur origine est autre que celle des Kabyles. Car, s'il est vrai que ces tribus himyerites soient venues dans leur temps s'ajouter aux populations libyennes ou gétuliennes, comme nous le croyons, elles auront été sans doute, sinon absorbées dans le torrent indigène, du moins assez modifiées par le croisement pour qu'il n'en reste que de faibles traces. Quelle ressemblance, d'ailleurs, existe-t-il entre ces types et ceux de l'Arabe ? Aussi rien de plus obscur que la question de leur origine. C'est en les confondant plus ou moins avec les blonds de l'Aurès que l'on a dit que les Chaouïa sont « une race mixte évidemment provenue de l'Arabe nomade et des peuples du Nord (3); » que l'on a dit que, d'après une tradition locale, « ils habitent le pays depuis très-longtemps, et qu'ils s'y sont maintenus à une époque où d'autres hommes, leurs compatriotes, qui occupaient les parties voisines de l'Afri-

(1) Peysson., *Relat. d'un voy. sur les côtes de Barbarie*, lett. XII, p. 347-48; Paris, 1838. — De la Malle, *Prov. de Constantine*, p. 189; Paris, 1837. — Br., *Voy. aux sources du Nil*, etc., trad. fr., introd., t. I, p. LIII-LIV; Paris, 1790. — Ritt., *Géograph. génér. comp.*, Afrique, trad. fr. par Buret et Ed. Desor, t. III, p. 182; Paris, 1836. — Cf. Shaw, *Voy. dans plusieurs prov. de la Barbarie*, etc. chap. VIII, trad. fr., t. I, p. 149 et suiv.; in-4°, la Haye, 1743.

(2) Dans Ibn-Khaldoun, ouv. cit., *Append.*, t. IV, p. 435.

(3) Bory de Saint-Vincent, *Sur les hommes blancs des mont. de l'Aurès*, dans les *Compt. rend. hebd. de l'Acad. des scienc.*, ann. 1845, t. XXI, p. 1412.

que, en ont été chassés ; » et encore que leurs caractères physiques, comme l'absence du lobule de l'oreille, par exemple (renseignement douteux), témoignent d'une origine septentrionale (1). Nous sommes pour notre part fort enclin à considérer plutôt les tribus de Chaouïa, qui sont nombreuses et qui s'étendent au loin, comme un groupe mixte résultant principalement de très-anciens mélanges entre races brunes (peut-être originairement arabes) et races blondes indigènes. Il y a là, comme on voit, des recherches à faire et qui ne manquent pas d'un vif attrait.

Dégénérés qu'ils seraient par le mélange, les Chaouïa nous ont paru généralement abâtardis, mal proportionnés physiquement, dépourvus d'énergie morale et moins intelligents que les Kabyles. Ils sont loin d'être industrieux, actifs et laborieux comme ces derniers ; ils fabriquent surtout des tissus pour les tentes, et ils cultivent des céréales. Hors de chez eux, ils sont souvent domestiques ou chargés de travaux infimes. Les Chaouïa n'ont pas non plus autant que les Kabyles l'amour de l'indépendance et le culte de la patrie. On dit qu'ils ont plié les premiers sous le joug des Arabes, dont ils sont méprisés, ainsi que des Kabyles. Ils parlent, du reste, on doit le remarquer, un dialecte tout spécial, et qui comprendrait encore plus de mots arabes que le kabyle. Il faut noter aussi que, dans le pays, les Chaouïa des tribus de l'Aurès, de Belezmah et des montagnes voisines sont simplement appelés *Djebaïliah* (montagnards), tandis que les habitants du Sahel sont toujours nommés Kabyles (2).

Nous ajouterons que ce qui nous a frappé chez les Chaouïa que nous avons vus dans la province de Constantine, c'est que si leurs cheveux ressemblent à ceux de bon nombre de Kabyles, il n'en est point ainsi de la teinte mate de leur peau, qui contraste avec la nuance plus ou moins brune de ces derniers. Leur visage présente, en outre, assez souvent des taches de rousseur ou éphélides, que l'on observe aussi chez les Amàzigh Rifains du Maroc, en particulier, et qui sont signalées comme

(1) Guyon, *Sur la race blanche des Aurès*, *ibid.*, ann. 1845, t. XXI, p. 1388 ; — Id., *Sur les Chaouïa*, ibid., ann. 1848, t. XXVII, p. 28 ; — Id., *Voy.*, etc., cit., p. 140-42.

(2) Urbain et Warnier, dans le *Tableau des établissements*, etc., cit., ann. 1840, p. 313-14, cf. p. 326.

ponctuant fréquemment la figure soit des anciens, soit des modernes Canariens (1).

Pour ce qui concerne les blonds de l'Aurès, que nous regardons comme originairement distincts des Chaouïa, au milieu desquels ils vivent et avec lesquels ils sont à tort confondus, nous n'avons point à revenir ici sur tout ce que l'on sait de cette population presque célèbre, et dont s'est occupée jadis la Société (2). Nous ne dirons qu'un mot sur l'hypothèse de leur origine gothique ou vandale, hypothèse que les uns soutiennent, que les autres repoussent, et qui réclame des uns et des autres de nouvelles et sérieuses investigations, non à distance, mais faites sur les lieux mêmes.

On se persuade que Justinien bannit de l'Afrique tout ce qui restait de Vandales. Mais les colonies romaines aussi et ensuite les Gréco-Romains avaient été expulsés du territoire, quand ils n'avaient pas péri dans la lutte; et, au temps d'Ibn-Khaldoun, il existait encore aux environs de Cafsa une « peuplade de *Frandjus* (Francs, Latins), restes des anciens Romains,... et qui étaient chrétiens (3). » Et si nous en croyons un officier de l'armée d'Afrique, qui nous le rapporte, il aurait visité, dans une vallée de l'Aurès, une tribu dont les habitants, les femmes surtout, avaient le type romain, et qui se disaient Romains, *Roumeo* ou *Roumea*. Ils ne voulaient pas être appelés *Roumi*, et ils étaient tatoués assez généralement du signe crucial. D'autres familles ou fractions de tribus kabyles se croient issues des Romains ou des Francs et des Germains. Tels sont notamment les *Ibida*, chez les Aïth-Fraoucen, sur le territoire même de l'ancienne *Byda colonia;* tels sont les Idjermenen, parmi lesquels se rencontrent beaucoup de roux ou de blonds, et qui passent dans le pays pour être d'origine germanique (4). Ne se pourrait-il, en effet, que les troupes gauloises et germaines employées pendant si longtemps en Afrique, eussent laissé quelques exemplaires de leur type, et qui se seraient perpétués? Ce qu'il y a de certain, c'est que, sans parler des autres troupes d'étran-

(1) Berthelot, ouv. cit., *ub. sup.*, t. II, part. I, p. 125.
(2) *Bull. de la Soc. d'anthropol.*, 1860, t. I *et pass.*
(3) Dureau de la Malle, ouv. cit., p. 191.
(4) Devaux, ouv. cit., p. 297, 353-54.—Aucapitaine, ouv. cit., p. 87-88 et note.

gers qui servaient dans les armées romaines, et que signalent les découvertes épigraphiques, tels que des Parthes, des Sicambres, des Bretons, etc., ce qu'il y a de certain, disons-nous, c'est que, dans la guerre de César en Afrique, il y avait, dans les deux camps, des corps de vétérans germains et gaulois (1).

Ainsi, le royaume des Visigoths détruit en Espagne, ceux-ci se conservèrent, sous forme de petits États chrétiens, dans les montagnes des Asturies et de la Galice, où ils bravèrent longtemps la puissance musulmane, et dans lesquelles on retrouve encore aujourd'hui le type accentué de ces hommes du Nord, *figures and faces essentially Gothic*, comme on l'a dit (2). Un voyageur de nos amis nous rapporte aussi qu'en Espagne le type goth n'est point rare, ce qui ne saurait surprendre. De même, les Maures furent à leur tour chassés de cette péninsule par Philippe III; et l'on sait que les Alpuxarres, qui leur servaient de dernier refuge, recèlent encore une population qui rappelle de tout point, au physique, au moral, les anciens dominateurs (3). Ces exemples abondent : un peuple, même immigré, change de religion, il change de langage et de nom; mais on voit tous les jours que la race peut n'en subsister pas moins.

Procope, d'ailleurs, ne dit point que tous les Vandales aient été emmenés captifs; mais il dit que les soldats romains, après la victoire, épousèrent leurs femmes et leurs filles. Or, ces mêmes Vandales pouvaient donner à leurs vainqueurs des rejetons vandales, comme les Gauloises donnaient aux soldats romains des fruits gaulois, et comme firent les femmes guanches alliées aux conquérants espagnols. Ce fait n'est pas constant; mais, s'il n'appartient pas à toutes les races, on peut dire qu'il est assez général. De ces unions résultèrent même de terribles revendications de l'héritage des Vandales. L'historiographe de Bélisaire nous apprend aussi que quatre cents Vandales, emmenés d'abord à Constantinople, puis remis en

(1) Berbrugger, dans la *Revue africaine*, t. V, p. 186.; Alger, 1861.—(Hirtius), op. cit., § 6, 19, 29, 40.

(2) Depping, *Histoire générale d'Espagne*, t. II, p. 331 et suiv.; Paris, 1811.—Borrow, in Nott et Gliddon, *Indigenous Races of the Earth*, p. 247; London, 1857.

(3) Bory de Saint-Vincent, *Résumé géograph. de la péninsule ibérique*, p. 64-65; Paris, 1826.

mer pour une nouvelle destination, parvinrent à regagner la Mauritanie et le mont *Aurasius*; enfin que mille soldats de cette nation, *numero saltem mille*, se trouvèrent encore au milieu des révoltés dans l'armée de Stozas (1).

Quant au langage que parlent ces tribus blondes, si les uns prétendent qu'il n'existe dans leur idiome aucune trace de germanisme, d'autres prétendent le contraire. Il a été dit encore que, lors de l'expédition du duc d'Aumale (en 1844), on a reconnu que les habitants de l'Aurès « portent les traces manifestes d'une origine germanique..... (2). » D'autre part, l'un de nos savants collègues a cru pouvoir s'exprimer ainsi : « L'examen anatomique des squelettes de ces Kabyles m'a démontré qu'il n'existait aucune ressemblance entre eux et les Allemands, et qu'ils appartenaient à la même souche que les Touaregs (3). » Mais nous croyons que c'est là plutôt une conjecture, et qui doit être quelque peu hasardée, s'il est vrai que, pour résoudre cette question, des données suffisantes aient jusqu'à ce jour fait défaut.

Nous abandonnons donc forcément à l'avenir de décider sur ces points. Et, en attendant les preuves que nous réclamons, en présence des témoignages acquis, nous persistons à penser que ces Kabyles blonds, tout autres que les Chaouïa, doivent représenter les vestiges de l'occupation vandale. M. de Rougé le premier avait cru que l'existence, dans le nord de l'Afrique, des anciens peuples blonds, appelés *Tamehu* par les Égyptiens, pouvait rendre compte du fait qui nous occupe, sans qu'il soit besoin de recourir aux Vandales (4). Mais toutes les notions que l'on possède sur les blonds Libyens des anciens temps ne datent pas seulement de la découverte du document de Karnak ; et, si nous ne nous trompons, la question demeure entière après comme avant.

VII. Déductions, conclusions. — A considérer dans leur ensemble les pays qui furent la Libye ancienne, l'Afrique du Nord et le Sahara de nos jours, ces pays paraissent n'avoir subi que des changements peu sensibles. Ils ont dégénéré cependant,

(1) *Op. cit.*, lib. II, cap. XIV-XV.

(2) Furnari, *Voy. méd. dans l'Afrique septentr.*, p. 18; Paris, 1845.

(3) Pruner-Bey, dans les *Bull. de la Soc. d'anthropol.*, 1863, t. IV, p. 121.

(4) Ouv. cit., *ub. sup.*, t. XVI, p. 83, note.

quelques parties du moins, et ils se sont dépeuplés. L'homme est allé s'amoindrissant, dans les siècles modernes, sous l'empire de luttes sans trêve, au milieu des ruines accumulées et de toutes les dévastations commises par les dominateurs. Et, par une loi de corrélation nécessaire, le sol a suivi la fortune de l'homme. Cette contrée du Maghreb est toujours l'*El-Khadra* (la Verte) des Arabes de la conquête ; mais les mêmes terres qui nourrissaient Rome sous les empereurs ne nourrissent même plus aujourd'hui leurs habitants.

Du Nil à l'Océan, de la Méditerranée au Niger, nous retrouvons à peu près les mêmes peuples qu'anciennement, qui n'ont guère fait que changer souvent de lieux et aussi de noms : les uns plutôt fixes, agriculteurs ; les autres plutôt pasteurs et nomades. Et il est rationnel de croire que, sauf sans doute la proportion des blonds et leur répartition au milieu des populations actuelles, ils ont conservé en général la physionomie et les principaux traits qui caractérisaient leurs ancêtres. Nous ne savons rien de plus. Cependant, quant à leur moral, dans un passé déjà lointain, nous avons pour nous le faire connaître Ibn-Khaldoun lui-même. Et il faut voir quelles couleurs brillantes il emploie en retraçant le tableau de leur splendeur d'autrefois. « Nous croyons avoir cité, dit-il, une série de faits qui prouvent que les Berbères ont toujours été un peuple puissant, redoutable, brave et nombreux ; un vrai peuple comme tant d'autres dans ce monde, tels que les Arabes, les Persans, les Grecs et les Romains. » Il ajoute : « Citons ensuite les vertus qui font honneur à l'homme et qui étaient devenues pour les Berbères une seconde nature : leur empressement à s'acquérir des qualités louables, la noblesse d'âme qui les porta au premier rang parmi les nations, les actions par lesquelles ils méritèrent les louanges de l'univers, bravoure et promptitude à défendre leurs hôtes et clients, fidélité aux promesses, aux engagements et aux traités, patience dans l'adversité..., éloignement pour la vengeance, bonté pour les malheureux, respect pour les vieillards..., industrie, hospitalité, charité, magnanimité, haine de l'oppression... » Il énumère les hommes illustres, et ils sont nombreux, parmi les gouverneurs d'États, les fondateurs d'empires, les saints personnages, les historiens et les autres savants que ce peuple a produits, et sur la gloire desquels il ne tarit pas (1). Or, si les appréciations du célèbre écrivain arabe, au point de vue ethnologique, ne méritent que très-peu de confiance, on reconnaîtra que cet éloge si pompeux des peuples dits berbères n'est guère suspect de la part de l'auteur. De semblables témoignages sont peut-être bons à rappeler, alors que l'on a si souvent méconnu les caractères de la nationalité de ces peuples et leur valeur, pour attribuer aux seuls Arabes tout ce qui vient des musulmans.

Assurément les premiers ne se sont jamais élevés dans les sciences autant que les seconds. Cela n'entrait pas dans l'orbite de leurs facultés du moment. On sait néanmoins qu'après avoir été les plus fermes soutiens des armes musulmanes en Espagne, ce sont leurs ancêtres en général qui, sous le nom de Maures, ont construit la plupart des monuments que l'on admire à Séville, à Cordoue, de même qu'à Fez, à Maroc, et dont on fait trop souvent honneur aux Arabes. Il serait curieux aussi de rechercher quels progrès ils avaient accomplis, notamment sous la domination des Almohades; mais on aime mieux doter la civilisation arabe de toutes les œuvres musulmanes, et ne rien laisser aux Berbères de la part du lion. Rappelons toutefois, en passant, que Tarec-Ibn-Ziâd, le vainqueur de Roderic, était Berbère. Le chérif Abd-el-Kader est aussi de cette origine, suivant M. Warnier, qui doit le savoir (2).

Ils sont bien déchus sans doute, nos modernes Kabyles. Et, si les historiens arabes reprochent aux Berbères d'avoir apostasié douze fois avant de subir la loi de Mahomet (3), c'est qu'ils avaient de bonnes raisons pour ne point accepter les préceptes du Koran. Mais il suffit de songer qu'ils sont courbés sous le joug depuis plus de mille ans. Que l'on nous montre un peuple conservant ses vertus antiques et ses lumières sous le poids d'une longue oppression! Ce qui demeure certain néanmoins, c'est que les guerriers d'autrefois revivent dans les Kabyles de nos jours; c'est que, bien différents en cela des Arabes, ils sont en général de fidèles observateurs de leurs

(1) Ouv. cit., t. I, p. 199-206. — Cf. Léon, ouv. cit., t. I, p. 102 et suiv.

(2) Ouv. cit., p. 47, note.

(3) Ibn-Khaldoun, ouv. cit., t. I, p. 28, 198, 215 *et pass.*

engagements ; c'est qu'il existe entre eux et nous des points de contact sans nombre, et que, pour l'Algérie en particulier, ils sont l'élément par excellence sur lequel repose l'édifice de notre domination. On l'a dit bien souvent et bien vainement : ne craignons pas de le redire.

Le peuple du désert aura conservé, selon toute vraisemblance, avec moins de mélange, avec une indépendance complète, des mœurs plus pures, un caractère plus élevé que le Kabyle. Et il paraît en effet que l'on trouve chez lui plus de distinction, plus de civilisation relative. On a vu d'ailleurs que, par plusieurs grands traits de leurs mœurs et de leur constitution sociale, les Touâreg diffèrent beaucoup des Kabyles, comme si les uns ou les autres, en les supposant de souche unique, eussent retenu des coutumes étrangères à leur propre race et qu'ils se seraient assimilées, mais qui peuvent être considérées, même dans ce cas, comme témoignant de facultés originellement distinctes.

Suivant que les familles ou les populations auront été plus ou moins atteintes et pénétrées par les immigrations anciennes ou par les Arabes de Mahomet, il sera donc plus ou moins difficile de rencontrer dans ces populations des types purs, que la corruption moindre du langage pourrait aider à découvrir. Et comme les immigrations ont, en général, suivi leur cours d'Orient en Occident, nous disons en général, ce doit être dans ce même ordre qu'elles auront laissé le plus de traces. Il est très-remarquable que la langue kabyle subit une progression décroissante de l'est à l'ouest, de telle sorte que, parlée encore aux environs de Cherchel et de Teniet-el-Had, on ne la retrouve plus, à l'extrémité de la province d'Oran, qu'au delà de Sebdou (1). Toute la population kabyle, du reste, est généralement moins dense à l'est qu'à l'ouest du Maghreb, dans le beylik tunisien qu'au Maroc.

Mais, sans aucun doute, le temps, ce grand purificateur des races, a beaucoup fait pour tarir le sang étranger, quand il est venu se mêler au sang indigène. Les groupes métis connus des anciens, s'ils ont existé, n'existent plus, et les Kouloughlis disparaissent. Ainsi les diverses occupations par la conquête au-

(1) Hanoteau, ouv. cit., p. 281 et carte.

ront passé comme des flots, en n'altérant que la surface ethnique. Enfin, ce qui n'est pas contestable, c'est que dans la Kabylie et ailleurs, dans leurs retraites inaccessibles, vrais nids d'aigle, les fiers habitants de ces montagnes représentent encore assez fidèlement l'homme des âges passés. Et, à plus forte raison, les Touâreg, dont les immenses et stériles parcours n'ont jamais tenté la conquête, et qui sont demeurés libres entre eux, ont-ils été peu modifiés par les croisements. C'est donc dans la comparaison de ces types purs chez les uns et chez les autres, bien plus que dans la comparaison des idiomes, que l'on doit chercher la solution du problème de leur parenté réciproque.

En nous résumant, et pour conclure, nous pensons qu'il aurait existé dès les plus anciens temps, et qu'il existe encore dans le nord de l'Afrique, dans le Sahara et aussi dans les îles Canaries, deux types fondamentaux de races qui peuvent être considérées comme des rameaux de la souche atlantique, autochthone de l'Atlas : l'une généralement rousse ou blonde et l'autre aux cheveux bruns.

Quelles que soient les altérations survenues (dans la chevelure en particulier) à la suite des mélanges anciens et modernes, non-seulement avec les Palestiniens et les Arabes, mais entre eux-mêmes, nous croyons qu'il est permis de voir principalement dans l'ensemble des groupes kabyles et dans les Touâreg actuels soit plutôt l'une, soit plutôt l'autre des deux races anciennes.

Tout ce que nous savons des Touâreg, auxquels il faudrait, de même qu'aux Kabyles, restituer leurs vrais noms (ceux qu'ils se donnent), autorise à croire qu'étant d'un autre type, ils sont d'une autre race que les Kabyles. Et, après avoir signalé quelques-uns des grands traits différentiels qui nous semblent séparer les deux peuples, nous appelons de tous nos vœux des études scientifiques nouvelles, notamment sur les Imôhagh et autres Sahariens du grand désert, populations encore peu connues, presque mystérieuses, qui proviendraient en général des anciens Gétules de la grande Gétulie, et qui doivent être distinguées ethniquement, aujourd'hui comme dans l'antiquité, des diverses familles kabyles, qui représenteraient plus particulièrement les anciens Libyens.

INDEX DES AUTEURS CITÉS.

TABLE DES MATIÈRES

www.ingramcontent.com/pod-product-compliance
Ingram Content Group UK Ltd.
Pitfield, Milton Keynes, MK11 3LW, UK
UKHW031959260826
14628UKWH00005B/2165

9 782019 152895